老子與人智學

Lao Tzu and Anthroposophy

薛羅君鈺 譯著

易文出版社

老子與人智學

薛羅君鈺　譯著

封面作品版權 © by Kit-Keung Kan, Falling Water XXVI, 2009.
Chinese ink and watercolor on rice paper, 38x36"(96.5x91.5cm)
作者肖像攝影版權 © by Emil Sit, 2008
封面-版式設計：　王昌华
出版：　易文出版社股份有限公司
www.iwingpress.com
admin@iwingpress.com
版次：　2017 年 9 月紐約第一版；第二次印刷
發行：　Steinerbooks, Inc.
字數：　100 千字
定價：　$25
國際書號：978-1-940742-20-5

本書系原著者從英文原著翻譯編纂
Lao Tzu and Anthroposophy

ISBN 978-1-58420-126-7 (Print)
2012
Lindisfarne Books
An imprint of SteinerBooks, Inc.
210 Main Street, Great Barrington, MA 01230
www.steinerbooks.org

目 録

序 一
出版說明

有一位英語作家曾經打趣說，翻譯與評論《道德經》（又稱《老子》）的諸眾作家，可能還多於這部經典的讀者呢。他這句幽默話顯然是言過其實。但無可否認，《老子》這部名著確實非常受歡迎。它所談論的奧妙真理，就如磁石般深深地吸引著讀者。雖然《道德經》已經被廣泛研究分析，不過相信，還有不少「老子迷」，會覺得涉及他們興趣的一些議題，仍然有很大的討論空間。鄙人便是這樣一名由讀者而轉變了身份的作者，不昧淺陋而恣意陳言，祈與讀者諸君交流溝通。

回想青壯年時期，初讀《老子》，態度頗為馬虎。由於自己的文言文水平尋常，常要借助隨附的白話文說明，才能囫圇吞棗般把書唸完。籠統地覺得老子擅長以對比手法說理，並且創作了甚多格言名句。不過，當年並未深入研究，便匆匆轉去翻閱其他書刊讀物了。

多年後，著手撰寫一本關於「主禱文」的書，不期然又再翻閱《老子》，試圖尋覓一些恰當的格言名句，以便納入該書。那時候，正一邊寫作一邊致力於研習人智學，剛好讀到其始創人魯道夫·施泰納（Rudolf Steiner 1861－1925）提出的一個增強記憶力的方法。他建議隨便選擇一件事情——詩歌、小說、戲劇、甚至個人經驗都可以——練習把該事情由尾到頭反轉過來逐步回憶。由於方法並不複雜，便馬上開始嘗試。

首先，我挑選唐詩中一些熟悉的五、七言絕句作為練習素材。不久，便可以暢順地倒轉頭默唸這些簡短詩句，雀躍不已。隨即天真地挑戰自己，何不拿手頭上的《道德經》來練習？出乎意料之外，竟然連順序的經文字句，我也苦苦無法記憶起來，更不用說逆序了。即使反覆順序閱讀一小段文字，想背誦時，文字內容都忽然失去踪影，令人非常洩氣。

序一 出版說明

經過多次失敗之後，終於恍然大悟——我之所以不能記得《老子》經文，乃因為對它只是一知半解，並沒有真正明白。於是決定細心研究，儘量從多方面去瞭解它的內容。十分有意思，由於研習人智學的緣故，竟讓我加深了認識《老子》這部經典。原來二者果然關係微妙。事實上，它們都在傳授有關「道」的深奧真理，只不過基於時代背景不同，觀點重心稍異罷了。

施泰納解釋說，人類意識（consciousness）的演化，歷史已非常悠久（關於意識演化過程，請參看附錄一）。開始時，人類只具有朦朧的「昏睡」（deep-trance）意識，經過漫長時間，才逐漸演化到具有現在明晰的「清醒」（wakeful）意識。人類意識演化的其中一個階段，是發展「有情知覺」（sentient）意識，然後再漸進發展「理智思維」（intellect）意識，僅這兩種意識的發展歷程，已經需要四千多年的時間。現在人類正從已經發展成熟的理智思維意識，慢慢演化發展「自我認知」（self-aware）意識。

在有情知覺意識發展之前（或者甚至在其發展之際），人類的意識狀態有點像做夢的情況。人類依稀感覺到自己與精神世界互相關連著。那時候，人類可以通過觀察自然界的特殊現象，來辨知「神」的諭示。各地都設有「奧秘中心」（mystery center）。中心的老師隱密地培訓門人弟子，去識別和理解精神世界的神諭。然後，挑選合適的高級弟子，去親自治理人民或協助執政者治理人民。這些高級弟子，都是律己嚴明，深懷慈悲，超脫物欲誘惑的聖賢。雖然，施泰納主要是描述西方秘傳宗教，但他也同時指出，在遠古時期，精神世界的神諭，也就是「道」的指引，是普及全人類的。因此，可以推想，在中國遠古時代，道家聖人也在擔當類似這些西方賢者的角色。

人智學解釋說，人類必須發展理智思維意識，因為只有通過理智思維，人類才可以自由自主地作獨立的道德判斷（參看章 18 章及附錄一）。故此，精神世界的神諭或「道」的指引便慢慢退減，越來越少直接參與管理人類事務。「道」從外面世界退出，而隱藏於每個人的心靈深處，轉變化作每個人的良知。如是人類理智思維意識越來越發達，漸漸可以辨知，應該怎麼樣處理事情，才合乎良知、合乎「道」。

「道」所隱藏的這一面，當是道家所說的「真人」；佛家所講的「佛性」；基督徒所指的「聖靈」。根據施泰納，「道」在外面世界的直接諭示，雖然已經退減了好幾千年。但即使現代，這秘密培訓門徒的遺風餘俗，仍然零星殘留在世界上一些偏遠角落。相信二十世紀美國作家，卡洛斯·卡斯塔尼達（Carlos Castaneda 1925－1998）所描寫的巫師故事，就是古代印第安人秘傳巫術的末流 。[1]

老子的時候，道家已經不再直接參與政府事務，只在社會上默默地活動。關於「道」的傳統，上古時期曾經是怎麼樣，與及後來消失了甚麼，《道德經》都有多處說及。例如：「古之善為道者……」（章 15）；「古大道廢……」（章 18）；「昔之得一者……」（章 40【39】[2]）；「古之所以貴此道者……」（章 62）；「古之為道者……」（章 65）；「是謂配天，古之極也……」（章 70【68】）等等。

由於「道」已經不再在外面諭示，因此傾聽「道」在心靈深處的聲音，便變得十分重要。老子勸勉人們培養平靜心思，使之達到「致虛極也。守靜篤也」的境界（章 16）。假若人們忙於追名逐利，便容易令心思起伏不安，而難以辨別是非。 因此，人們必須謹慎持重，努力不懈地「去彼取此」，意即儘量遠離外面的物質誘惑，而培養內在的精神意志（章 12）。又若要認知深藏於內的「道」，必須緊記「其出彌遠，其知彌少」的情形——越往外跑，越難認知「道」啊（章 47）。

事實上，人類需要一段十分漫長的過渡時期，才能夠適應「道」從外界的直接諭示轉變為內在的良知提示。在這過

---

[1] 卡洛斯·卡斯塔尼達寫了十二部暢銷書，描述巫師唐璜培訓他修練巫術的各種過程。參 http://en.wikipedia.org/wiki/Carlos_Castaneda

[2] 本書部份章節編號與傳本《老子》章號相異。凡相異處，均先後列出兩者章號如所示。詳情請參序二及相關章節之解說。

渡期間，難免遭遇困難與錯失。茲簡略分析一下，在老子時代，可能發生的三個過渡期混亂現象。

首先，由於統治階層再沒有道家的賢明協助，他們便容易被金錢和權力的誘惑所左右，胡作妄為。他們的政令往往使社會動盪不安，陷人民於困苦（參看章 74【72】、77【75】）。老子常常談及上古時期的君主，是怎麼樣維持一個有秩序的社會。他的那些話正反映出，當時社會多麼混亂（參看章 19、57、65）。

其次，由於修習「道」不再是升官晉職的門徑，願意修道的人士定必相應銳減。難怪老子感慨地說：「夫唯無知，是以不我知。知我者希，則我者貴矣」（章 72【70】）。這話的大意是：由於眾人不明白「道」的意義，是以都不瞭解我。認識我的人，寥寥無幾，而願意跟隨我學習的人，更是難能可貴啊。

第三，前面已曾經說過，上古時期，老師通常是隱密地培訓門徒的，不會大事張揚。因此，一般人不易知曉他們那「深不可識」的學養風範（章 15）。有興趣學習道教的人士，想覓得真正道教老師，其實相當困難。到老子時代，由於風移俗易，秘傳道教日漸式微，找這樣的老師更是難上加難了。像《道德經》這類著作，正好彌補了這方面的空白。誠然，書籍無法取代優秀的老師。但是一本好書，仍可以引起學習興趣，幫助進修。

大概是在這樣的歷史背景下，老子整理了道家的口頭傳統，編輯寫成了《道德經》。但老子的真正身分，並不十分明確。一般有三個說法。[3] 第一：他是李耳，是孔子（前551－479）曾經訪問過的聖人；第二：他是老萊子，是另一位與孔子同時代的人物；第三：他是老儋，曾見秦獻公（前424－362）。有些學者認為《道德經》是戰國時期（前 404－221）的著作。若果確實如是的話，則編寫此經的老子，便不可能與孔子同時代了。不過，無論老子是誰，我們都可以從他這部珍貴的經典受教獲益。

[3] 見 https://zh.wikipedia.org/zh/老子，「參考文獻第五條」。

在《道德經》中，老子常解釋上古的聖賢怎麼樣治理老百姓，並且說：「域中有四大，而王居其一焉」（章25）。表面上看，《道德經》好像是一本專為統治階層，那些君主王侯而寫的典籍。但若理解到，所謂「王」者，其實是代表一個頂天立地的至人，一個可以作人類典範的聖賢，[4] 那麼便可明白，老子主要在展示一條如何體現自我，完成人格的康壯大道而已。

《道德經》分為上下兩部份，分別稱作「道經」和「德經」。「道經」主要解釋「道」的含義。「德經」則提供實際方法以體現「道」的大德。老子靈活地借用上古時期君主王侯治理國家的原則，來示範一個聖賢的操守。如前所說，他並非單純地在指導當代執政者怎樣統治國家人民。當然，他的教誨亦適用於政治範疇，並且對於那些願意依其所教的執政者來說，應該會有莫大裨益。惟基本上，他是在教導怎樣處理個人事務，使之有條不紊。

愚見認為老子編著《道德經》的對象涵蓋一般普通人，並非專為君主王侯而寫，主要理由是，他在解釋奧妙難明的哲理時，所採用的例子，均是普羅大眾熟悉的事物，與王侯貴族無特別關係。比如：水，車輪，烹小魚等（章 8、11、60）。他的時代，正值戰禍連年，自然地，他也選擇了大家所關心的戰事作題材。他對戰爭所引起的民間疾苦，深表關切痛惜（章30、31、67【80】）。他認為戰爭殘酷，「殺人眾」啊！即使戰勝了，也應該「以喪禮處之」（章31）。所以，他主張和談。認為「善者果而已，不以取強焉」——好的將領只謀求和平解決紛爭，而絕不強行使用武力去取勝（章 30）。假若和談不成，而必須開戰，也應該以慈愛善待對方。他語重心長地說：「夫慈，以戰則勝，以守則固。天將建之，如以慈垣之」——真的，仁義之師，戰無不勝，守無不堅。上天定將衛護他們，用慈愛環繞著他們（章 69【67】）。

《老子》這部經典，由於早期曾經被竄改，因而衍生了多個不同版本，以致後人有頗多誤解。愚見認為，若能夠解

[4] 參章25之解說。

決版本這方面的困擾，便可以順藤摸瓜，容易接近《老子》原意。我將在「序二」說明拙書如何處理不同版本所引起的問題。

事實上，《老子》的義理既廣且深，根本不可能在一本書中，囊括其全部議題。拙書當然難以跳出這個框架，它只可以從某些角度討論其中幾項要目而已。總括來說，它有下列四個特點。

第一，綜合《通行本老子》和《帛書老子》的章節次序，略作變動，使章節的編排更為合理。（請參考序二）

第二，參照《老子》不同版本的文字，去短取長，更細緻地解讀經文。比如章 13 分析為甚麼只是一個「何」字與「可」字的差別，便可以對統治者有極不相同的判斷。書內所有重要例案，都清楚地說明各版本情況，然後才表達作者的個人意見。

第三，融入人智學觀點，探討《老子》內一些深奧微妙的哲理，使其更易於瞭解和使用。比如老子提出以「實其腹」和「強其骨」的方法來堅強意志。而人智學對於四肢和新陳代謝與人類意志相關的理論，正好解釋這個建議的實效（參看章 3）。此外，上面已討論過，人智學對人類意識演化過程的學說，正好能夠把《老子》的哲學思想帶到更高深、更廣闊的層面。

第四，在附錄部份，簡略地介紹人智學，與及剖析於一九九三年發現的一篇先秦佚文《太一生水》——在湖北省一座楚墓出土，抄寫在竹簡上、與《老子》學說有關的古老文獻——以再突顯兩者互相呼應的密切關係。

以上所講的特點只不過是方便表達中心思想，一種寫作模式而已。本書主旨乃在以淺白的文字，介紹《老子》對「道」的教誨：怎樣培養「無為」的精神，讓心思平靜，達到沒有欲望牽扯的精神境界（章 43）。任何人如果能夠做到「無為」的話，便可以提高辦事的效率（章 59、63、64），甚至心想事成（章 22【24】－24【23】），自然知足常樂（章 44、46），安詳地與大自然融為一體——像水一樣，謙柔而不與人競爭（章 8）；像上天一樣，仁慈而常以善意待人（章 81【79】）。

謹願敝書能夠為現代人提供一條切實可行的途徑，方便協調精神修養和物質生活。

在寫作期間，十分慶幸能夠參閱多種與《老子》有關的中英文著作。衷心感謝諸先進學長的精細筆耕，大大地豐富了本後學的寫作經驗。惟書內錯陋之處，乃作者本人責任。

在翻譯拙著為中文時，順帶將原英文版錯陋之處，予以修改更正。但限於個人的學術水平，瑕疵失誤必定在所難免。祈望讀者賢達，不吝指教。翻譯期間承蒙各方好友提點鼓勵，獲益非淺；猶幸靳杰強先生允許中英文版封面使用其同一水墨佳作；更深慶夏明授教介紹易文出版社，能夠與專業的邱辛曄先生和王昌华先生密切合作；再者增訂後的英文參考書目又獲 Mr.William Jensen（SteinerBooks）重新排印。特此一並致謝，眾良朋諸君的隆情厚誼，輔助敝書得以順利出版。

序 二
《老子》版本淺談

以下簡略討論有關《老子》的版本問題，與及本書如何處理因不同版本所引起的異議。

一九七三年之前，坊間一直流傳著幾個無太大區別的《老子》版本。其中一個版本比較普及，稱為《通行本老子》，亦叫作《王弼老子》。因為王弼（226－249）曾經有系統地，從哲理立場來詮釋這部《通行本老子》，廣受歡迎。關於王弼的詮釋，可以參考例如 Richard John Lynn 的 *The Classic of the Way and Virtue*（中文讀者可以於互聯網：http://www.chineseclassic.com/content/426，下載王弼原著：《老子道德經王弼注》）。

可是，一九七三年，在湖南省長沙市的馬王堆漢墓，出土了大批文物。其中有兩份是抄寫在帛書上的《老子》，稱為《帛書老子》（甲、乙）。在西方，常稱作《馬王堆老子》（甲、乙）。

二十年後，一九九三年，在湖北省荊門市郭店一座更古舊的楚墓，又出土了一些抄寫在竹簡上的古老典籍。其中有四份文件與道家思想有關，三份為《老子》傳抄本，稱為《簡本老子》（甲、乙、丙），另一份為两千多年前的先秦佚文，稱為《太一生水》。本書收錄並且註釋了《簡本老子》內其中一章的文字，與及《太一生水》全文（見章 63 及附錄二）。

下文將簡略介紹《帛書老子》的大概情況，與及它和《王弼老子》(即《通行本老子》）之間主要相異的地方。由於所採的用資料，都相當容易在互聯網查詢，恕不一一列舉出處。

《帛書老子》的大概抄寫年代，可以根據抄寫時的書法字體，與及它在文字上避諱的情況，而推斷出來。例如，甲本沒有避漢高祖劉邦（前206－195）的「邦」字諱，故其抄寫年代，應當是早於高祖在位的先秦時期；乙本避「邦」字諱，但卻仍然使用漢惠帝劉盈（前194－188）的「盈」字和漢文帝劉恆（前179－157）的「恆」字，因此推斷其抄寫年代可能是高祖在位時期。又甲、乙兩本於措辭用字間，略有不同，但整體來說，兩本內容相差不遠。兩本雖都有殘損，若參考傳統《老子》的版本，便可以合理地解讀全文。

至於《帛書老子》和《王弼老子》，兩者內容大致相同。不過，在經文章節編排方面，卻有明顯的分別。此外，在字裡行間，兩個版本亦常有巧妙的細微分歧。先討論它們章節編排怎麼不一樣，與及敝書如何綜合調整這些相異情況，使之更合乎情理邏輯，最後再略說一下文字方面的取捨原則。

《王弼老子》把經文依著次序分為八十一章，並於每章前冠以其編號。開始的章節（1－37）是「道經」；其餘的章節（38－81）就是「德經」。相較之下，《帛書老子》沒有把經文分章編號；只明顯地分為上下二經，且把「德經」放置在「道經」前面。為了方便，我們仍然沿用《王弼老子》的章節編號來討論《帛書老子》的章節。《帛書老子》雖然把上下二經倒置變成了「德道經」，不過每部經內的章節編排，與《王弼老子》內的章節次序，差不多一樣，只是在「道經」內有一處、「德經」內有兩處例外。「道經」之一處例外是把章 24 移前放置在章 21 和 22 之間。「德經」之兩處例外是把章 41 移前放置在章 39 和 40 之間；與及把章 80－81 移前放置在章 66 和 67 之間（請參考下列之章節編排簡表）。

一般人研究學問，習慣上，先弄清楚該門學問的基本要旨，然後再去瞭解它所教導的實踐方法。既然「道經」主要解釋「道」的含義，「德經」則論說怎樣體現「道」之大德，那麼，《王弼老子》把「道經」放置在「德經」之前，是很切合學習常理的。至於《帛書老子》，除了倒置上下二經這方面，它在該兩部經內的例外編排，卻大大地提高了經文的連貫性。所以，此二者各有優點。大體上，本書跟隨《王弼老子》章節次序。只有三處例外，改轉依從《帛書老子》，把少部份章節移前。唯獨章 41 之移動又異於《帛書老子》。章 41 不是移前至章 39 和 40 之間，而是移至章 38 和 39 之間。關於這些章節移動的種種因由，請參閱各有關章節內的解說。

各書章節編排簡表：

《王弼老子》 —— 章節編號作參考依據

道 經
1，2–21， 22， 23，24，25–36，37

德 經
38，39，40，41，42–66，67–78，79，80，81

《帛書老子》 —— 德經先於道經，共有三處移前

德 經
38，39， ▲ 40，(41)，42–66， ▲ 67–78，79， (80，81)

道 經
1，2–21， ▲ 22，23， (24)，25–36，37

《老子與人智學》 —— 綜合以上二版本，但 (41) 移至更前

道 經
1，2–21， ▲ 22， 23， (24)，25–36，37

德 經
38， ▲ 39，40，(41)，42–66， ▲ 67–78，79， (80，81)

至於《帛書老子》與《王弼老子》（即《通行本老子》）在行文措辭方面，則有頗多相異之處。有興趣研究其逐個字異同的讀者，可參閱 D. C. Lau 的 *Tao Te Ching* 和 Robert G. Henricks 的 *Lao-Tzu Te-Tao Ching*.

本書章節上的編排，雖然主要以《王弼老子》為模式，但文意內容上卻幾乎完全以《帛書老子》為依歸。因為《帛書老子》能夠更清楚地表達「道」和「德」的義理。可以推斷，自老子編寫成《道德經》後，各流傳版本都曾經加以竄改。《帛書老子》抄寫年代早於《王弼老子》四百餘年，應當更為古樸。尤其甲本，抄寫年代甚至早於漢朝，應更接近原文旨趣。因此原則上，本書內容儘量採納《帛書老子》甲本的文意觀點。不過由於《王弼老子》已通行一千七百多年，其文字廣泛為人熟悉，故在無關宏旨的情況下，仍然會採用其文字。但若在這兩版本中（甚至在另外一些《老子》版本中）某些相異的文字可能為《老子》帶來非常不同的解讀，必定會酌情更改，並且詳細說明個中道理（見例如章 8、13、14、20、77【75】等）。至於修辭上的輕微變化，便省略說明了。

道　經

1

道，可道也，非恒道也。名，可名也，非恒名也。無，名萬物之始也；有，名萬物之母也。故恒無欲也，以觀其妙；恒有欲也，以觀其所徼。兩者同出，異名同謂。玄之又玄，眾妙之門。

可以講論的道，不是永恆的道。
可以稱謂的名，不是永恆的名。
無，是萬物根源的名稱。[1]
有，是萬物母親的名稱。[2]
所以，常常無所欲，才能夠觀察它的奧妙；
若如，常常有所欲，則只可以觀看它的表象。
這兩者同時出現，[3]
名稱雖然相異，其實是指同一樣東西。
此深奧中的又更深奧處，
是進入微妙境界的門徑。

解說

我們將踏上一個引人入勝的《道德經》旅程。那些如「道」、「無」、「有」等名稱，內涵豐富，鮮能一下子便領悟透徹。倘若願意保持開放的態度，耐心地跟隨老子的導引，我們便會慢慢加深對它們的認識，體會到它們所蘊藏的深遠意義。

---

[1]「無」：不顯示/揭示、無形式、虛無。
[2]「有」：揭示、有形式、實質。
[3]「兩者」指「無」和「有」。

【道經】

「道」這個字可以解作指導或講話；亦可以解作道路，方法，或真理學說。故首句也可以譯為：可以行走的道，不是永恆的道。這個似乎存在、又難以掌握的永恆的道，老子得用五千餘字講論。

南懷瑾（1918－2012）曾經說，把「道」這個字作「講話」來用，在唐宋（618－1279）年間十分流行，但於公元前六至四世紀老子時期，卻不甚流行。[4] 然而不甚流行並非表示完全不用。因此，我們不需要刻意避開這個用法來解讀《道德經》。

根據人智學大師施泰納，「道」這個音代表「原始智慧」。他說：「亞特蘭蒂斯的智慧體現在水中，在一滴露珠裏。而『露珠』 [在德文為 *Tau*] 正就是上古亞特蘭蒂斯音。」（The wisdom of Atlantis was embodied in the water, in a drop of dew. And the word dew [Tau in German] is nothing other than the ancient Atlantean sound.）[5] 甚至有謂，「道教」是久已遺失了的亞特蘭蒂斯文化，內裏其中一個流派（請參附錄一）。不過，我們並不需要知道亞特蘭蒂斯文化，亦可以從《道德經》裏體會到「道」的崇高智慧。

在《道德經》開頭的兩句，老子語帶雙關地談論「道」和「名」的含義。「道」可以當作讓人講論的做事方法或者讓人行走的道路。但這兩個解釋都未能夠完全清楚地表達原始智慧的「道」。況且，世上一般的名號稱謂，只象徵短暫的聲譽，與永恆之「道」的「名」相去甚遠。老子以此雙關語確立了整本《道德經》的寫作風格，即充滿矛盾對比的論述方式。例如，他一方面說，「道恒無名」——道永遠沒有名稱（章 32），另一方面，他又說，「自今及古，其名不去」——由現在上推至遠古，它的名稱從未失掉過（章 21）。此外，他擅於借用簡單和普通的事物，來解釋艱深難明的道理。例如，他用一個空的容器來象徵「道」的恩賜德性（章 4）。

---

[4] 南懷瑾，《老子他說》，頁 36。

[5] Steiner, *The Secret Stream*: *Christian Rosenkreutz & Rosicrucianism*, p. 36.

老子這樣巧妙地把相似卻又不相同的事物，互相聯繫對比，使讀者不期然地格外留神，進而更細密地思考所討論的議題。也許這正是《道德經》引人入勝之處吧。

當我們把「原始智慧」，其不揭示的屬性稱作「無」，與及其揭示的屬性名為「有」時，我們已經把那些屬性規限為某樣特定的東西了。其實，它們包含著遠多於其名稱所代表的意義。名稱只是方便討論的符號，並不是事物本身啊。

在創造之前，道體處於不揭示狀態，黑暗而且空虛。尚未有物質，但卻孕育著顯示萬物的潛力。這狀態可視為「萬物根源」的真髓，老子稱之為「無」。在創造之時，道體處於揭示狀態，顯示它的真髓於萬物。這狀態可視為「萬物母親」生養的德性，老子稱之為「有」。道體之深奧處正在這兒：「無」和「有」這兩個狀態，總同時出現，融合為一體。道體永遠在表露，創造萬物，亦在同一刻不表露，歸於空虛而不含任何物質。

我們可能感到困惑，一樣東西怎麼可以同時「存在」又「不存在」呢？且暫借量子物理學裏的「光子」現象來比喻這神秘現象。「光子」可以同時呈現「波浪」和「微粒」這兩樣相反的特徵。它是微粒，具有質量；但同時它也是波浪，具有非質量的能量。這比喻稍為專門一些。老子將在章11提供顯淺又貼切的例子，來說清楚個中道理。目前，他只簡單地說，「道」處於混融一體的狀態，不斷同時在顯現和消失。這兩個過程是從不分離的。「道」的確是深奧微妙！

如果老子能夠洞察、甚至告知我們道體這樣深奧微妙的境界，那麼，我們是否也應該能品嚐這個中玄秘呢？答案是：可以的！老子將教授一個非常實際有效的方法，幫助大家進入這個深奧中的更深奧處。他建議大家清心寡欲。他解釋說，若人們充滿欲望的話，他們只能夠看到道體顯現的外部表象。唯有當人們消除欲望時，他們才能夠知悉道體內在的微妙狀況。事實上，《道德經》就是一本如何淨化欲望的指南。

2

天下皆知美之為美，斯惡已； 皆知善之為善，斯不善矣。有無相生，難易相成，長短相形，高下相盈，音聲相和，先后相隨，恆也。是以聖人處無為之事，行不言之教，萬物作而弗始，為而弗恃，成功而弗居。夫唯弗居，是以弗去。

每個人都知道美好為美好，那是因為有醜惡。
每個人都認知善良為善良，那是因為有不善良。
有與無互相化生。
難與易互相輔成。
長與短互相形顯。
高與下互相補足。
音與聲互相調和。[6]
先與後互相跟隨。
他們總是這樣的。
因此，聖人以無為的原則處理事務，[7]
　　用不言的方式施行教化。
他們讓事情自然發生，
　　身體力行而不自恃，

---

[6] 現在，人們習慣了把「聲」和「音」當同義詞。然而，在中國古代，「聲」是指單獨一個聲響，而「音」是一組「聲」的混合。有關中國古代「聲」和「音」差異的討論，參程貞一（Chen Cheng–Yih），《中華早期自然科學之再研討》，頁 19–20。

[7] 「無為」並不意味著無所作為或不採取行動。它的意思是指已寂靜的心境，不再為欲望所轉動。「無為」的含義將會在章 43–48 詳細討論。目前，可以暫時理解「無為」即無私欲的行為。

完成任務又不居功。
由於他們從沒有認領功勞，
故亦從沒有失去功勞。

解說

「道」常處於融和合一的狀態，但人類卻生活在其所創造的二元世界中。對人類來說，事情的美好或醜惡、善良或不善良，不是獨立的，要辨知其一，必得依賴其相對的反方，才可以突顯出來。其他諸如有與無、難與易、長與短、高與下、音與聲、先與後等情形，也是這樣。事實上，光的明亮也需要有昏暗才可以看見。物理學教授 Arthur Zajonc (1949－）在其著作 *Catching the Light*，頁 20 內解釋說，人類的肉眼不能夠看見純粹明亮的光，必須要有昏暗部份，才可以看見它的明亮。他的實驗室製造了一件展覽品示範這個概念。展品是一個箱子，箱內其中一個區域充滿純粹明亮的光，實驗者從箱子小孔窺望這個區域，甚麼也沒有看見，並沒有看到想像中的一片明亮。可是當實驗者把箱內藏著的一支小棒移到充滿純光那個區域，便見該區域內有明亮的光在照耀著小棒。從這實驗可以推廣，要辨知事物真相，必得依賴互相對立的正反兩端，才可以得知。

而然，當人們區分了事物的兩端，他們多數會產生偏好，希望保持、擁有其中的一端，而避開、捨棄另一端。但這兩端並不是靜態的。事物會自然地循環來往於這兩端之間。我們無法永遠留住事物的一方面，而避免另外一方面。

因此，當聖人處理事務時，其心思不為事情任何的一端所牽動。若此心思意志能夠達到不被欲望困擾的話，那便是「無為」。聖人以身作則，通過自己的行為教化他人。所以，聖人讓事情自然發生，身體力行而不驕橫，完成任務而不居功。事實上，功勞，像任何事物一樣，來去不定。既然不曾認領功勞，當然也沒有所謂失去功勞了。

3

不上賢，使民不爭。不貴難得之貨，使民不為盜。不見可欲，使民不亂。是以聖人之治也：虛其心，實其腹，弱其志，強其骨。恒使民無知無欲也。使夫知不敢弗為而已，則無不治矣。

不推崇高賢才智，使人民不致於競爭。
不重視稀有珍品，使人民不致於盜竊。
不炫耀引起貪念的東西，使人民不致於迷亂。
所以聖人統治的方法是：
　　讓人民心思空虛，讓人民肚子飽足，[8]
　　讓人民肆志減弱，讓人民筋骨強健。
常使人民沒有區別心，沒有欲念。[9]
讓他們知道不應該胡作妄為，
如此，自然事事有條不紊了。

解說

這章書討論統治人民的方法。真正的統治者不控制別人，不居功，只是以身作則，感化他人。若統治者能夠本身不胡作妄為，國家自然井井有條。所以，統治者的主要任務是先治理好自己，克服自己的野心，控制自己的欲念。這與後來儒家所說治家齊國先修身的道理，是相近的。廣義上

[8] 道家傳統認為腹是丹田、即氣海之所在。常充氣其間，可延年益壽。但我們讀《道德經》不是為了長壽，而是希望生活得更有意義和充實。故在此，「實其腹」不作充氣腹中解。

[9] 這裏，「無知」不作沒有知識、不明事理解。其大意是指沒有偏頗的區別心，因而不會產生好惡的念頭。

說，每個人都是自己的統治者。因此，這章所討論的統治方針，對任何人都適合。

這一章提出「不上賢」，「不貴難得之貨」，和「不見可欲」的三個統治原則，相信在遠古時候，當可以施行無礙。但在商業化的現代社會，則很難實行了。估計甚至在老子時期，也已經不容易施行。故此，怎樣避免名韁利鎖的束縛，是人類長久以來，都需要解決的課題。很多人都會想到老子教導的清心寡欲理論，即這章講的「虛其心」和「弱其志」。但甚少人留意他還提出「實其腹」和「強其骨」的實行方法。我們且從不同的角度去探討這個教誨的整體。

先從道教煉金術說起。此學說以三爻的「天」卦 ☰ 和三爻的「地」卦 ☷ 分別代表「意志」和「心思」的原始狀態；另外以「水」卦 ☵ 和「火」卦 ☲ 分別代表「意志」和「心思」受干擾後的困惑狀態。[10]「天」卦由三實線陽爻組成，象徵「意志」的陽剛性，具有堅定的領導能力；「地」卦由三虛線陰爻組成，象徵「心思」的陰柔性，具有接受領導的美德。當「心思」受欲念困擾，其外面的二陰爻，容易被欲念阻塞，不再陰柔受納，而轉化為假陽剛，形似二陽爻。故此，「心思」由「地」卦 ☷ 狀態，改變成「火」卦 ☲ 形象。「心思」變得野心勃勃，妄圖取代「意志」作領導。不過，「心思」的「火」卦形象是外強中空，沒有真正領導能力，只有像火焰的野心到處亂竄。「心思」這亂竄情況影響了「意志」。「意志」外面的二陽爻被「心思」的野心火焰弄傷了，不再陽剛而變得軟弱無力，轉化為假陰柔，形似二陰爻。於是，「意志」 由「天」卦 ☰ 狀態改變成「水」卦 ☵ 形象。「意志」不再有充足的實力作領導。

糾正方法是：使心思「虛其心」、「弱其志」，把像似「火」卦 ☲ 的二假陽變虛轉弱，恢復為二真陰的「地」卦 ☷ 狀態，使心思恢復接納領導的美德，不再擾亂意志。那麼意志便能夠「實其腹」、「強其骨」，把像似「水」卦

[10] 參 Sit，*The Lord's Prayer*，pp. 136–137。

☵ 的二假陰變實轉強，恢復為二真陽的「天」卦 ☰ 狀態，重獲堅定的領導能力。[11]

以上是道教煉金術的大概理論。現在看看身體力行的情形。人們由經驗得知，生活溫飽的人，比較少作奸犯科。另外，對那些不屈服於淫威的志士，人們常美稱其為「硬骨頭」。由此可知，人們下意識地覺得，一方面心思和飽肚有關連，而另一方面意志和骨頭又有聯繫。現在，且以人智學知識來理解它們之間的實際關係。

根據人智學，人類心靈活動有三方面：思維，感覺，和意志。思維由頭部組織主持，感覺由韻律系統的肺臟和血液控制，意志由新陳代謝和四肢系統負責。其實，每一系統組織都涉及這三方面的活動，只不過以其中一方面的活動為主，而其他兩方面的活動為輔而已。另外，每一系統組織，其主要部份集中在身體一特定部位，而其次要部份則遍及全身。例如頭部組織主要是在頭部，但也散佈在身體其他各處，雖然以主持思維活動為主，但也涉及感覺和意志活動。所以，這三個系統組織和這三方面的活動是間雜一起，互相影響的。[12]

施泰納說，意志於新陳代謝作用和四肢活動中表達出來，然後進入頭部組織，反映在思維裏。當人們飽餐之後，代謝作用就把食物消化成營養，而四肢的活動，會幫助營養更有效地運送到身體各處。意志是隨著營養進入頭部組織。若頭腦空虛，思維自然可以正確地反映意志。不過正如煉金術所言，思維容易被感覺的好惡情緒影響，而會生出種種野心欲念，充塞著腦海，影響思維表達正確的意志。所以，如果對事物的感受保持平和的中庸態度，使心思「無知無欲」，那麼，正確的意志自然能夠領導心思不胡作妄為。

此外，施泰納還創造了一套肢體活動的藝術，稱為「優律詩美」（eurythmy），當中很多動作可以幫助人們增強意志力。由是觀之，老子所說的「虛其心，實其腹，弱其志，強其骨」確是深具智慧而又有實效的教誨。

---

[11] 請參章 10 之解說。

[12] 參例如, Steiner, *The Foundations of Human Experience*，pp. 49ff.

4

道沖，而用之有不盈也。淵兮，似萬物之宗。挫其銳，解其紛，和其光，同其塵。湛兮，似或存。吾不知其誰之子，象帝之先。

道像一個空的大容器，
卻有用之不盡，取之不竭的源泉。
它淵博啊，似是萬物的根本。
它挫鈍銳氣，
它解散糾紛，
它柔和烈光，
它混同塵埃。[13]
它深沉啊，僅似或許存在。
我不知道它是誰的子孫，
好像先過諸天帝早已存在。

解說

道體像一件用之不盡，取之不竭的大容器。這個比喻令人想起了下面這個童話故事：

一個貧窮家庭有一只寶碗。每當有需要，他們便拿這只碗出來許願。片刻，他們所需要的東西，便會出現在碗中。一天，一對鄰居夫婦發現這個家庭的秘密，偷走了這只碗。那對貪心夫婦，立即對著碗不停許願，祈求得到大量金銀珠

[13]「塵埃」代表塵世。「同其塵」意即不清高避世，亦可以像徵聖人不爭先，甘願步人後塵。

寶等珍貴物品。不久，大堆寶物不斷自碗中快速地湧出，而把那對夫婦活埋了。

一般來說，沒有人會貪心到像童話故事中那對夫婦一樣。但是道體之用永遠不會耗盡，卻是真實的。道體賦予人類歷久常新的教化。人類可倣效道體實踐「挫其銳，解其紛，和其光，同其塵」，而變得不會驕橫，不生糾紛，不想炫耀，不去爭先。自然事事有條不紊了。

5

天地不仁，以萬物為芻狗。聖人不仁，以百姓為芻狗。天地之間，其猶橐籥與？虛而不屈，動而愈出。多聞數窮，不若守於中。

天地不感情用事，
認為萬物等同芻狗。[14]
聖人不感情用事，
認為百姓等同芻狗。
天地之間，不是像個大風箱嗎？
雖然空虛，卻用之不竭，
愈動便出風愈多。
多聞問和頻窮究，[15]
都不如守於中。

解說

這裏，「不仁」並非解作不仁慈。「不仁」是個連用辭，解作知覺麻痺遲鈍，不能靈活運動，可引申解作不情緒化，不感情用事。老子非常重視仁慈，認為無論做什麼，都應該以仁慈為出發點。例如：章 10 提到「愛民治國」和章 69【67】說「慈」是他的「三寶」之首。所以，他不會在這

---

14 芻狗是用禾桿草紮的狗，用於典禮，用完便算，不會對它產生感情。

15 俗語有云，理想的好學生，是聞一知十，不須多聞多問。中國有位詩人作家，筆名聞一多。大概他認為聞一次已經是太多了。真的，如果人們願意靜心沉思，便自然會知道自己應該做甚麼，無須聽別人的建議。

裏說天地與及聖人不仁慈。他主要在說明聖人像天地一樣，對萬事萬物都看似芻狗一般，不感情用事而已。

假設「挫其銳，解其紛，和其光，同其塵」代表道體雌性柔和的德性，那麼，「天地不仁」便可以代表其雄性剛強的德性。道體是同時具有雌雄兩種德性。 事實上，人類也一樣同時具有雌雄兩種特性。（關於人類這方面的特性，參章 28 和附錄一。）

天地無限慈愛，不停生長養育萬物。但天地不感情用事，讓大自然在春夏滋生，而在秋冬衰頽。聖人模倣天地，應用「無為」的原則去辦事，不感情用事，不貪戀萬物，能夠把一切事物看待猶如芻狗一般。可以這樣說，「天地不仁，以萬物為芻狗」的情況，正好啟發了聖人怎麼樣實踐「處無為之事，行不言之教」。

在這章，老子借風箱來比喻道體恩賜的神妙功能。風箱裏面是空的，但在操作時卻可出風（空氣）。所出之風量完全依賴操作的速度，愈動便出風愈多。其實，送出的風只不過是抽進的空氣。這個比喻表示道體的運作是把人類送進天地之間的東西接收了，再送出來。是甚麼東西送進天地之間呢？就是我們的思念與願望，送進了天地之間。然後，道體都讓其一一實現，全部送回給我們。道體不會感情用事，只讓好的願望實現，而挑走惡念不使壞事發生。所以，人類的思念應該十分小心。因為，惡念會產生很多不幸的壞事呢。

在下一章，老子將採用另一個比喻來談論道體這恩賜的運作原則。然後在章 22【24】、23【22】、24【23】再詳細解釋，人類應該抱持怎樣的態度來運用這恩賜原則，以達到真正的心想事成。

目前老子只說「多聞數窮，不若守於中」。蓋人類生活在二元世界裏，美醜、善惡、有無、長短、高下等等，都是相生、相成的。故此，不需要對事物於兩端不斷轉化的現象斤斤計較，擾亂心思。最理想還是讓心思沒有區別心，不去喜歡或嫌惡事物的任何一端，而安守於中點。

6

谷神不死，是謂玄牝。玄牝之門，是謂天地之根。綿綿呵，其若存，用之不勤。

山谷的精神永存不死，
稱它為玄關妙母。
玄關妙母的門口，
便是天地進出的根源。
它似細絲般連綿不斷，
彷彿僅僅存在，
但卻用之不竭。

解說

山谷向上寬敞開放。它有利於水氣上升到天空，和幫助露水凝結在地面，好像是天地進出的玄關。山谷又像一個感應微妙的母親，不管何時向它發出叫喚，它總都回響。所以老子稱它的精神為「玄關妙母」（「玄牝」）。

在此，老子比喻山谷有精神靈性。但其實沒有理由懷疑山谷神靈的存在。例如，從前有許多故事講述道士如何以符咒辟邪驅鬼。甚至今天，仍時有所聞。近代，施泰納在人智學裏亦介紹了許多關於神靈的作用和任務。[16]

道家傳統認為人體是一個小天地。所以，每個人體內都有一個相似的「玄牝之門」。如果能夠找到它，便獲得通往天地的根源，達到長生不老之境界。有些道家宣稱章 16 的經文，實際上，是教人如何獲得通往天地的根源。然而，如

[16] 參 Ed Smith，*The Burning Bush*，pp. 561–564。

前所述（章 3，注 8），我們學習《道德經》的宗旨不是為了長壽，而是希望生活得更有意義和更充實。在這裏，只是順便一提這傳統看法而已。

總括來說，道體是空的，它的恩賜德性是用之不竭的。它從不更改人的願望，而是讓其照本實現。老子借用三個比喻：容器，風箱，和山谷，不單只說明了道體的恩賜德性，還同時像徵了道體的另外一些重要德性。容器代表謙卑受納的德性，風箱代表不感情用事的德性，與及山谷代表玄妙深奧的德性。

現在，且讓我們暫時變換話題，約略談論一下《道德經》的編寫風格。它有點像編寫一首樂曲：開始部份，一個大標題表明中心思想，後面章節逐漸發展各種相關的主題，或重複，或變調。例如，開始的三章，表明道體的基本屬性，說明道體是「玄之又玄」和完全沒有佔有欲。隨著四、五、六這三章之展開，則發展出另一主題，解釋道體恩賜的德性。我們將會覺察到，「三」是《道德經》的一個非常重要特徵，經文中差不多每一個主題都用三個章節來討論。當然，間或會有一兩個主題例外，加多或減少一個章節；而且一些特別重要的主題，則用兩個節拍即六個章節來討論。可以說，「三」是這個樂曲的節拍。《道德經》的編寫風格，顯示出「三」是道體的一個非常重要特徵（參章 14、42 及頁 207）。

7

天長地久。天地之所以能長且久者，以其不自生也，故能長生。是以聖人退其身而身先，外其身而身存。不以其無私邪？故能成其私。

天長地久。
天地所以能夠長久存在，
乃因為它們不是為自己而存在，
故此，能夠長久存在。
所以，聖人退到後面反而領導停留在前面的大眾，
把生死置身度外反而能夠保全身命。
不正因為他們不自私嗎？
故此，反而能夠成全自我。

解說

在章 6，老子說「玄牝之門，是謂天地之根」，估計許多人聞知這話後，都希望尋找到自己身體進出天地根源之門，以便達到長生不老。因此，在本章，老子解釋長生不朽的真諦。他清楚地說明白，不為自己而活的人，精神便可以長久存在，得到永恆的生命，那就是長生的真正意義。這個永生的觀念，中外都一樣。例如，《聖經》上說：「愛惜自己生命的，就失喪生命；在這世上恨惡自己生命的，就要保守生命到永生」（約翰福音 12：25）。

老子以最明顯的天地作為例子，來說明獲得長生的方法。然後，他邀請我們去思考一些矛盾的現象：「退其身而身先，外其身而身存。不以其無私邪？故能成其私。」這些現象背後的奧妙原理將會在章 22【24】－24【23】解釋清

楚。老子可能認為，讀者尚需要對聖人修道有更深入的認識，才能夠真正領會個中奧妙玄秘的因由。所以下面繼續介紹聖人修道的其他層面。

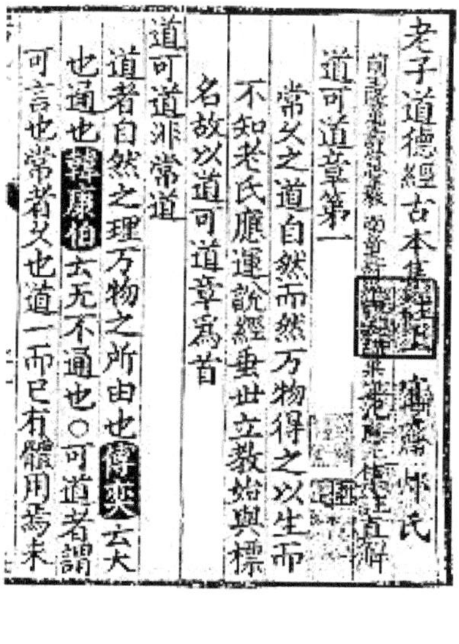
老子道德經古本集

道可道章第一

常久之道自然而然万物得之以生而不知老氏應運說經垂世立教始與標名故以道可道章爲首

道可道非常道

道者自然之理万物之所由也傅奕云大也通也韓康伯云无不通也○可道者謂可言也常者久也道一而已有體用焉未

8

上善若水。水善利萬物而有靜，居眾之所惡，故幾於道矣。居善地，心善淵，予善天；言善信；政善治；事善能；動善時。夫唯不爭，故無尤。

上善的人猶如水一樣。
水善於滋潤萬物
　而又具有靜的德性，[17]
它停留在大眾嫌惡的地方，
所以，最接近道了。
上善的人，
　居處低下至洼地；
　心思平靜似深淵；
　施予利他仿蒼天；
　言行誠信；
　政治公正；
　辦事效能高；
　行動適時。
由於不與人相爭，
　所以不會招惹怨恨。

[17]「水善利萬物而有靜」句中的「有靜」於各版本略有不同。《帛書老子》甲本是「有靜」，乙本是「有爭」，而《王弼老子》則為「不爭」。愚見認為「有靜」含意豐富，所以選用，請參解說內文。

解說

既然聖人不是為自己而活，那麼他們是怎樣生活和待人接物的呢？老子說他們以水為榜樣。水具有七方面的善美德性。這些德性正是不以自我為中心的聖人所依歸者。

大家都知道「水善利萬物」的上善德性，卻甚少注意它「有靜」的美德。因此眾人便對「有靜」引生出各種推斷而加以竄改。通行的《王弼老子》改為「不爭」，尚可算合理。因為「不爭」，才會「居眾之所惡」，兼且「不爭」又配合結語「夫唯不爭，故無尤」，與整章原意無太大出入。

那麼較早的《帛書老子》乙本改為「有爭」又如何？「有爭」似乎與結語的「不爭」互相矛盾，不合理吧。可是想深一層，水之「有爭」，只不過是爭「居眾之所惡」。那地方根本沒有東西去和它競爭，「有爭」亦等於「不爭」。這竄改倒別有新意。

可是更早的《帛書老子》甲本採用「有靜」，含義更豐富。若把「靜」解作安靜、寧靜，「有靜」便自然包含「不爭」的意思；若解作静止，則「有靜」又有「居留」的含意。此外，「有靜」還暗示了「心善淵」 的靜流止水。故愚見認為三個版本中，「有靜」最上選。

現在，讓我們觀察聖人怎樣學習水七方面的上善：

水定居所在，無論是小池沼，或大海洋，那處地勢必定是最低下。這正表現謙遜的美德。因此，不論在任何情況，聖人都甘於居處低下位置。

當水停留在深淵底處，沒有任何風可以喚起漣漪。是以聖人心如淵底的止水；沒有任何誘惑可以挑撥它。

雨水從天上降下，潤澤世間，無須酬報。故聖人報施利他而不求報答。

水或在小溪淙淙緩流，或在大河咆哮湧前，它的聲音反映了當時的地理環境。同樣，聖人說話總是誠懇地反映事實真相。

水利益一切眾生，無所偏愛。因此，聖人的管治也必定公正賢明。

當流水遇到小物件，會承載他們一起前進。但當遇到大障礙物，則會繞道而流。這啟發了聖人高效能的辦事原則：納入可行的建議和避免頑強的抗拒。

潮汐準時漲落。聖人建立良好的工作習慣，並適時解決問題。

水具備七種如此高尚的美德，並虛心避免和大家紛爭，老子認為它最接近道體。我們能否想像道體的德行有多高呢？很難呀！因為道體的德行是超越美德，是高不可測的「玄德」。

9

持而盈之，不如其已。揣而銳之，不可長保。金玉滿堂，莫之能守。富貴而驕，自遺其咎。功遂身退，天之道也。

把杯填到滿邊，
不若適可而止。
將刀磨至極利，
鋒銳不會持久。
滿屋的黃金玉石，
難以長期守藏。
富貴而驕奢，
只留得自咎。
功成身退，
天之道也。

解說

如果我們立志修身，希望與道體合而為一，是否需要培養比水還高的善美，需要一切行止盡善盡美？不一定啊！老子已經說過，我們要學習守中，不要走到極端（參章 5）。在這章，他提醒我們，所有事物都不能夠久留在端點。他的教誨不難理解，只是守中不易實踐，得有多年修養鍛煉，循序漸進。所以，跟著的下一章便談論修身的方法。

10

載營魄抱一，能無離乎？專氣致柔，能如嬰兒乎？滌除玄鑑，能無疵乎？愛民治國，能無以知乎？天門開闔，能為雌乎？明白四達，能無以知乎？生之、畜之，生而弗有，長而弗宰。是謂玄德。

協調靈魂與精神合一，
能使它們不分離嗎？
攝調氣息達致柔順，
能使它似嬰兒般嗎？
潔淨內觀明鏡，
能保持它沒有污垢嗎？
愛護民眾治理國家，
能夠避免聰明智巧嗎？
於天門開闔時，
能夠靜如處子嗎？[18]
照明四方通達無阻，
能夠避免聰明智巧嗎？
化生、畜養，[19]
化生而不佔有，
長育而不主宰。
這就是玄德。

---

[18] 道家認為，天門是同時開闔的。一方面向內打開心扉，另一方面向外關閉感官門戶。那一刻，最好能夠靜如處子、謙虛地感受內心境界。

[19] 有些學者認為，最後這四句是錯簡，是章 51 的文字誤植於此。

解說

在章 8，老子勉勵我們在與外界打交道、待人接物時，以水為師。在這章，他則教導我們如何發展內心世界，達到玄德。筆者將從人智學的哲理來解說這章書，諒與其他人的解讀有所出入。

施泰納說，每個人具有四個原則成員，它們是：物質體、以太體 (也稱生命體）、星靈體、和「我」體。（參附錄一。）每個原則成員雖然各有所司，卻又互相影響。可以說，這章書的主旨是描述如何協調這四個原則成員，以發展內心世界。

根據人智學，「我」體是由「低我」和「高我」兩部分所組成。「低我」是靈魂，「高我」是精神，是如聖保羅所說，「不是我自己，而是在我內的主基督」的「基督精神」。[20] 道家稱「低我」為「客人」；「高我」為「主人」或「真人」，即道體的化身。[21] 「心思」是靈魂的一部份，精神通過「意志」指導「心思」。如果靈魂心思被欲望壅塞，便只能夠勉強悟知精神意志的存在，遑論遵循它的指導。故此，修道者首要任務是靜心，好讓靈魂（客）與精神（主）和諧協調為一體。（參章 3。）

人智學解釋，星靈體是輔助靈魂心思去感受和認知外界的工具。它應配合而不是控制靈魂心思。然而，許多人很容易被感受影響，變得情緒化，令到心思反覆不定。大家可能注意到，當心思平靜，呼吸是柔順的；若思緒不寧，呼吸是短促的。老子教導我們保持呼吸柔順。若呼吸柔順到像嬰兒那樣溫和，則心思也自然會像嬰兒般天真無邪。記得在章 3，老子強調「虛其心」；在這裏，他所提出的調順呼吸氣息，就可以「虛其心」。

---

[20] 在附錄一，「高我」的精神稱作「精魂」。至於「基督精神」可以看作是「精魂」的一個層次。

[21] 參 Sit，*The Lord's Prayer*，p. 15。

靈魂心思的運作，仿似一面鏡子。若鏡子滿佈塵埃，便看不清楚影像。一旦靈魂心思完全淨化，便猶如沒有污垢的明鏡，清楚地反影精神意志，明白生命的重要意義，曉得人生主要目的，在於使用物質身體實行「愛民治國」的活動。所謂愛民治國，不一定是狹義的從政當官，可以是廣義的，作樂善好施的公民。

靈魂心思淨化後，便可以啟用心靈的眼睛進行內觀（即一般所謂的開了天眼）。心靈的眼睛最先看到的，是個人自己一生經驗的記錄圖像。根據人智學，以太體記錄了我們所有的生活經驗。當人剛死亡時，以太體讓整個生命的記錄圖像猶如一幅巨畫現前，讓「我」體觀看檢閱（參附錄一）。大部份有「瀕死體驗」（near-death experience）的生還者，都報告曾經有這類觀看整個生命歷程的體驗。施泰納介紹了許多練習，幫助修行者開啟心靈的眼睛。那麼，修行者不須等到死亡時刻，也可以觀看生命的全部經驗。假若繼續精進的話，還可以察看整個宇宙的以太體記錄——即阿卡西記錄（Akashic record），獲知人類與宇宙的關係，明白生命的意義。在這章，老子沒有談及觀看生命記錄這個環節。在章16，他將再討論內觀，筆者認為當中一些文字，是可以解讀為觀看生命記錄的。

若修行者能夠不斷精進，讓這四個原則完全和諧、合作活動，便自然變得謙遜，靜如處子，打開心扉，讓道體在內指引，並且漠視外部感官的誘惑。達到這種境界的修行者，可以稱之為至人或聖人。他們必定以實踐玄德為生命鵠的：「生之、畜之，生而弗有，長而弗宰。」

11

卅輻同一轂，當其無，有車之用也。埏埴而為器，當其無，有埴器之用也。 鑿户牖，當其無，有室之用也。故有之以為利，無之以為用。

卅支輻條插入輪轂周圍，
正因輪轂中心空無，
車輪才可穿入車軸而轉動有用。
搓捏粘土製成容器。
正因容器中間空無，
容器才可盛物有用。
鑿牆安裝門窗建造房子。
正因牆壁中間空無，
房子才可居住有用。
所以，事物有形部份提供便利，
空無部份提供使用。

解說

回想在章 1 中，我們借用了物理學關於光子「波浪」和「微粒」同時存在的特徵，來解釋「有」和「無」並存的道理。在這裏，老子只不過用三件簡單的事物，不僅把「有」和「無」並存的情況說得清楚明白，還講出它們在該事物中的互相關係。

雖然，我們已經明白「有」、「無」並存的道理，但卻仍會常常忽視事物的「無」，而迷戀著那份「有」。我們確實需要不斷提醒自己，追求事物的「有」是會阻礙修「道」精進的。

12

五色令人目盲， 五音令人耳聾。 五味令人口爽，馳騁田獵令人心發狂，難得之貨令人行妨。是以聖人為腹不為目。故去彼取此。

五色繽紛會刺眼欲盲，
五音齊響會震耳欲聾，[22]
五味混雜會損傷味覺，
騎馬打獵會激動心思亂奔，
難得之貨會妨礙正行。
所以聖人只為飽肚，而不為耳目的刺激。[23]
放棄外間誘惑而選擇內在修養。

解說

從章 11，我們得知，事物的「有」只為提供方便。因此，對它們的態度不妨如對芻狗一樣，不去留戀，用完便算（章 5）。如果人們困惑於物質的色、聲、味，那麼貪圖難得之貨的念頭就會不斷，心思就會容易像騎馬打獵時那樣東奔西跑，妨礙了修道。所以聖人「去彼取此」：不浪費精力於眼花撩亂的世界物像，只藉著「實其腹」、「強其骨」來培養玄德。

[22] 根據人智學，人類的感覺器官，尤其視聽器官，仍不斷進化，比如古希臘蘇格拉底（前 469–399）時期——大約與孔子 (前 551–479) 時期相近——人類視覺只能夠辨知五色，然後逐漸增加至七色，現在則已經可以分辨十二種顏色了。聽覺亦然，由辨知五音至七音，到現在的十二音。

[23] 參章 3：「虛其心，實其腹。」

老子所說的五色五音，相信並不包括可以淨化心靈，陶冶性情的文化藝術。人類應該避免沉迷在五色五音物質方面的享受，但卻需要用利五色五音來創作藝術，發揮靈性。施泰納常說人類生存的一個主要任務，就是從事藝術活動，發展精神意識。他自己本人更身體力行作為典範。例如，他創造了一項稱為「優律詩美」的新藝術（參章 3），又編寫劇本、設計建築、和塑制雕像等等。

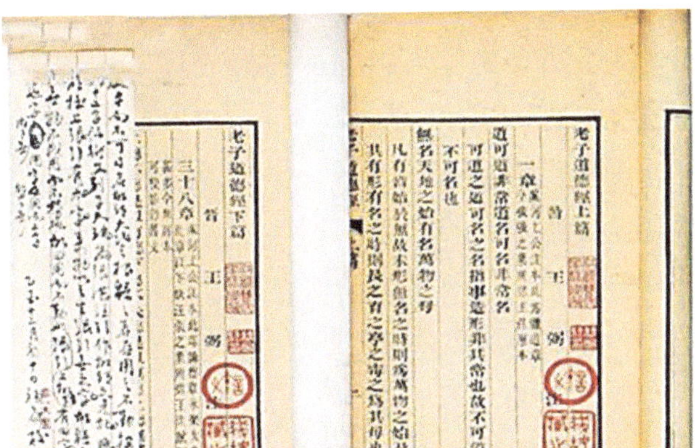

13

寵辱若驚，貴大患若身。何謂寵辱若驚？寵之為下，得之若驚，失之若驚，是謂寵辱若驚。何謂貴大患若身？吾所以有大患者，為吾有身也。及吾無身，有何患？故貴為身於為天下，若可以托天下矣；愛以身為天下，如何以寄天下？

受寵如受辱，會令人吃驚，
珍惜大患難如自己的身體。
什麼叫做受寵如受辱，會令人吃驚？
受寵是低下的，
獲得時會令人吃驚，
失去時會令人吃驚，
這就叫做受寵如受辱，會令人吃驚。
什麼叫做珍惜大患難如自己的身體？
我們之所以有大患難，
是因為我們有身體嘛。
假若沒有身體，會有甚麼患難呢？
因此珍惜保護身體甚於取得天下者，
乃可以把天下交托給他們；
喜愛使用身體去取得天下者，
如何能夠把天下寄托給他們呢？[24]

---

[24] 這整章是《帛書老子》本文。它的文意較通行版本的《王弼老子》更嚴緊合理，故完全選用。這章在甲、乙兩本中，可說沒有殘損漏字。兩本行文上容或間有不同，但基本上意思相近。唯獨最後那句有一個「何」字與「可」字的差別。此一字之差，帶來非常不同的結論。該末句在甲本是「如何以寄天下」，是疑問、有否定的意思。在乙本是「如可以寄天下」，

解說

人們若能夠超脫物質欲望，便會以不同的眼光觀看世事的發展。老子採用驚人的對立手法來提醒大家，去嚴肅地探索思考，世俗所謂的好運和厄運會為我們帶來甚麼樣的真正後果。

表面上看來，受寵似乎是稱心如意的好運道。然而，如果我們想深一層，受寵可能會帶來的各種困擾，我們便發現，受寵並不是真正的福澤啊。

當別人寵幸我們時，我們不免會問，為什麼會得寵呢？有隱蔽的目的嗎？將來失寵怎麼辦？當我們失寵時（有誰能夠永遠得寵！），我們便會為接踵而來的恥辱哀傷苦痛。因此，受寵不一定帶來真正的如意幸福。

一般來說，人們完全不喜歡患難。其實，患難可能是福澤的前兆呢。那些曾經忍受過大患難的人士（如曾經患過危及生命的病人），往往於康復後感恩地表示：「我的患難（如癌症，心臟病，中風等）是曾經發生在我身上最好的事情。它讓我有機會去重估人生價值，幫助我尋找人生真諦，使我從此活得更加充實。」

人生，只要尚有一個身體，就會遭遇或大或小的患難。因此，如果我們珍惜身體，為何不同樣地去珍惜那些可以幫助我們進步的患難呢？

老子提醒大家看事情要深入和長遠，才不至受事情帶來的暫時困厄所影響。若願意努力自我反省，我們便可以明白世俗所謂的好運和惡運之真正深遠後果。將來在「德經」，他會重複這個教誨：「禍兮，福之所倚；福兮，禍之所伏」（章 58）。

則是正面肯定的意思。愚見認為甲本較合理。詳情請參閱解說內文。順便一提，在《王弼老子》，這句與乙本相同，亦採用「可」字。

【道經】

老子的教誨深具啟發性，他接著解釋統治者對身體的態度，會反映他們如何統治國家！那些視個體存活較國家生存為更重要者，必定是賢明領袖，他們乃天下人之福；那些喜歡使用身體來擴展國家的人，將會是暴君、天下人之禍。表面看，這論斷似乎很不合理。然而，若認真地比較歷史上，統治者對身體的態度和統治國家的方法，我們當欽佩老子的評估確實是一語中的！

歷史上的暴君，多到不可勝數。玆舉兩三個大家熟悉的，如中國的秦始皇和毛澤東，與及納粹德國的阿道夫·希特勒。他們妄顧人民福祉，為目的而不擇手段。相信老子看透這類人野心勃勃，知道他們只會利用自己的（和別人的）身體去攫取權力，控制一切。讓這類人治理國家，無異於送人民入虎口。

現在讓我們來看看珍惜身體甚於國家的人。這類人尊重生命多於財富和權力。倘若他們成為首領，人民便能夠安居樂業。這些首領可能不多見，大家不太熟悉。玆從《莊子》內選出兩個典型例子。

第一個是大王亶父、周文王（前 1099－1050）的祖父：

> 亶父和他的子民本來居住在一個叫做邠的地方。有一個名叫狄的部落多次襲擊他們。每次亶父帶貢品去狄求和，都被拒絕。由於亶父不想與狄戰爭，最後，他決定自己遠走他鄉，而讓狄人來治理邠這塊土地。在他離開之際，他的全部子民都自願地跟隨他遷移到尚未開發的岐山去。亶父因此能夠在岐山建立一個新的國家。[25]

亶父不想生靈塗炭，甘願拋棄自己統治的國家。他的子民曉得這是聖賢明主的作為。因此，自願跟隨他離鄉背井，而不願留守在富庶的邠，被那些喜歡利用身體幫助國家擴張的狄人來統治。

---

[25] 《莊子》，章 28（轉述）。可參看 Palmer and Breuilly，*The Book of Chuang Tzu*，New York: Penguin, 1996，p. 250.

第二個例子是一個侯爵，名叫昭僖侯，亦稱韓昭侯（公元前 362－333）。 他珍惜他的兩隻手臂更甚於珍惜天下：

韓、魏兩國爭議一塊彼此都想征服的土地。魏國派遣子華子赴韓國與昭僖侯談判。子華子向昭僖侯提出一個虛構的議案說，假設全天下的人同意，寫下了這樣的一個誓約：

「誰搶得此誓約，他的手臂將被砍掉。不過他卻因此可以擁有整個天下。」

他問侯爵會否搶該誓約。昭僖侯回答說不會。子華子遂感慨地說：「你的回答正表示出，你珍惜你的兩隻手臂甚於珍惜天下啊。請想一想，整個身體比兩隻手臂珍貴多少倍。而韓國所值已遠不如天下，更何況這塊邊界的土地。此刻，你我兩國何以為了這片皮毛之地而準備開戰，去損害許多珍貴的身體呢？」

子華子這番話深深地打動了昭僖侯。[26]

這些例子證明，老子確切洞悉人性。但願我們跟隨他的智慧教誨，懂得選擇「貴為身於為天下」的賢明領袖。

[26] 同上（轉述）；可參看 Palmer，p. 251.

14

視之不見，名曰微；聽之不聞，名曰希；揩之不得，名曰夷。此三者，不可致詰，故混而為一。一者，其上不皎，其下不昧，繩繩兮不可名，復歸於無物。是謂無狀之狀，無物之象，是謂惚恍。 隨之不見其后，迎之不見其首。執今之道，以御今之有，以知古始，是謂道紀。

察看它但看不見，就說它是微；
傾聽它但聽不到，就說它是希；
觸摸它但摸不著，就說它是夷。
從這三方面，
　　都不可清楚查究它，
　　因為它是混沌一體。

這個一體，
上面不亮光，
下面不昏暗。
綿綿不絕，不可以講出其形狀，
循環往返回復到空虛無物。[27]
可說是沒有形狀的狀態，
沒有物體的現象，
可說是恍惚模糊，
跟隨它，看不見它的背後，
迎著它，看不見它的前頭。

[27] 參看章 6：「綿綿呵，其若存。」

執持這恆常的道，[28]
用來治理時下之一切，
用來理解遠古原始情況，
這便是道的綱紀。

解說

在章 11，老子解釋事物中「有」、「無」共存的關係；「有」的部份只提供便利，「無」的部份才真正提供實際使用。然後，在章 13，他談到不可以單看事件的暫時現象；受寵未必是福，反之，患難可能是幸福的前兆。我們不能用短淺的眼光判斷「道」的長遠運作法則。在這章，他進一步探討「道」幽微深遠的特性。道體雖然是無色、無聲、無物，卻如谷神一樣存在。它也許是模糊難以辨別。不過，老子清楚地說明，我們是可以遵循「道」來處理一切事務，與及獲知遠古原始情況。

我們可能會感到困惑，何以遵循「道」能夠獲知遠古原始情況。且用人智學來釐清這一點。記得施泰納說（參章 10），當修道者開啟了內在的心靈「器官」（即俗語所謂天眼），便能夠讀取宇宙的阿卡西記錄，了解過去種種情況。在章 16，老子將會告訴我們如何內觀，進而知道萬物的起源。最近在湖北省郭店發現的《簡本老子》，內有一篇名叫《太一生水》的文章講述天地萬物生成的過程（見附錄二），正好說明了「以知古始」是可能的。

---

28 《王弼老子》，把「執今之道」改作「執古之道」。愚見認為《帛書老子》用的「今」字較佳。「今」字有「道」是永恆的，超越時間的，總是在當下的意思。

15

古之善為道者，微妙玄達，深不可識。夫唯不可識，故強為之容：豫兮，若冬涉川；猶兮，若畏四鄰；儼兮，其若客；渙兮，其若凌釋；敦兮，其若樸；曠兮，其若谷；混兮，其若濁。濁以靜之徐清。安以動之徐生。保此道者，不欲盈。夫唯不欲盈，故能蔽而不成。

古時有道的人士，
幽微、精妙、玄奧、通達，
高深莫測，不可辨識。
由於不可辨識，
所以只能勉強描述一下他們的儀容：
　遲疑審慎啊，似冬天涉水過河；
　警惕戒備啊，似強敵環伺四周；
　恭敬莊重啊，如赴宴的客人；
　舒坦鬆緩啊，如融化的冰塊；
　敦厚純真啊，如簡陋的木樸；
　廣闊空曠啊，如開放的山谷；
　混沌模糊啊，如污穢的濁水。
污穢的濁水會因平靜而慢慢變清。
安靜的清水會因攪動而慢慢變濁。
所以持有此道的人士，不會自負自滿。
由於不自負自滿，
就會隱蔽不炫耀自己，
覺得自己尚未完善，還得進修。

解 說

章 14 說道體是恍惚模糊，「不可致詰」。那麼有道的人士，情形又是怎麼樣的呢？其實——有其上，必有其下——有道之士與道體不會相差太遠，同樣是不容易認識了解的。然而，老子卻能夠妙筆生花，把他們描繪得活靈活現。他說他所描述的是古時有道的人士，無形中在暗示著，他的年代，這樣的有道之士已近乎絕跡。我們可以想像，老子大概是少數尚存的一位了。

在章 8，老子單獨使用上善的水，解說道體德性的七個方面。在這章，他總共用了七個形像來比擬有道之士的品德。基本上，這七個形像都是代表一個溫文爾雅的君子。其中簡陋的木樸將會在章 19、28、32、37、57 再次出現，它是一個十分重要的比喻。至於「混兮，其若濁」，則是加重突顯，有道者如何深藏不露的形象。從外觀察，完全不可以測知其「微妙玄達」的境界。

大概可以猜想，那些有道之士必定心靈清空，不大需要修練吧！但老子卻說他們仍不斷勤修。因為心靈的清濁原理，與水的清濁原理相似。污濁的水因平靜而慢慢變清，正如胡思亂想的心靈，可以用「專氣致柔」的方法，安靜下來，慢慢達到心靈清空的狀態。但不論心靈已經多麼清空，一下子的感情用事便會前功盡廢，猶如清水因攪動而變污濁。因此，他們不會自負自滿。一方面不炫耀自己，另一方面仍不斷修習，努力保持守中。

16

致虛極也。守靜篤也。萬物并作，吾以觀其復也。夫物芸芸，各復歸其根。歸根曰靜，靜是謂復命。復命常也，知常明也。不知常妄，妄作，凶。知常容，容乃公，公乃王，王乃天，天乃道，道乃久，歿身不殆。

達到極致的虛空。
保持篤正的平靜。
萬物同一根源興起，
我觀察他們循環往返。
萬物雖然眾多，
最後還是各自回歸到其根源。
回歸到其根源即返回平靜，
返回平靜便能夠回復生機。
回復生機是常規，[29]
曉悉常規便明白事理。
不懂常規便愚昧，
　會任性妄為，
　而帶來災禍。
知曉常規會寬容，
寬容才公正，
公正如君王，
君王順天意，
順天意就合乎道，

[29] 大自然的常規，是「無」和「有」、「靜」與「動」、互相交替，循環不息。

合乎道可以長久，
一生都不會有危險。

解說

在章 6，老子說，谷神是不死的，並且是天地根源進出之門。本章則討論如何回到生命之根源。所以有些道家便說，老子在教導大家「復命」，達到長生不老；他說使用「致虛」、「守靜」的方法可以超越生死。故此他們認為本章主要是講述養生益壽的。不過，另外一些道教大師卻這樣說：一般人缺乏耐性修練「致虛」、「守靜」，若告訴他們這種練習可以養生益壽，便會引起他們的興趣。當他們練習後，發覺自己變得心平氣和、不與別人相爭，自然樂意繼續進修，也不再去關注能否長命百歲了。[30] 上古道教大師能夠達到「微妙玄達，深不可識」的境界，相信乃因他們都勤於修練「致虛」、「守靜」。

心思的活動範圍既深且遠，是無邊界限制的。「極」只是比喻它的境界可以去到不可量度之遙遠和深入。遠到如太虛那樣空無，深到如淵水那樣平靜。如是，心思便能夠安於守中，不容易被貪婪、厭惡、欲望等念頭所挑撥；人便自然心平氣和，不會與別人相爭。近代西方的人智學也鼓勵修練「致虛」、「守靜」。施泰納在其經典著作 *How to Know Higher Worlds* 如是寫道：「把所有習慣性如潮起潮落的思維停頓下來，使心靈完全安靜」（Bring all the thoughts that habitually ebbed and flowed within you to rest. Become perfectly still and inwardly silent. pp. 90 - 91）。

老子表示，經過長期的修練而到達所謂「虛極」、「靜篤」的境界，便能夠清晰內視，而曉悉道體同時揭示和不揭示的狀態，曉得「無」和「有」「兩者同出」；知道所有萬物同一根源興起，生存活物又各自消失，回歸虛靜根源；又再興起和又再消失，循環不息；明白生命雖然同源，但萬物

[30] 參 Sit，*The Lord's Prayer*，pp. 138–139。

各有其成長過程，在適合自己的時間和空間發展。那些明白此常規的人，便會尊重他人的生存權益，不會侵犯他人的活動空間。故此他們變得寬容和富有同情心，行事公正，立下良好榜樣。可以比喻他們像上古的聖賢君王，順應天意，合乎道德。[31] 他們自然像上善的水一樣，不與別人相爭，不會有怨恨產生。這樣的人當然一生都不會有危險。

現在，再略補充一下「吾以觀其復也。夫物芸芸，各復歸其根」所蘊含的奧祕意義。在章 10 時，筆者曾經介紹人智學知識，提及當修行人達到相當程度的虛靜，便能夠內觀，最先看見的便是個人自己一生經驗的記錄圖像。若如繼續精進，還可以察看整個宇宙的以太體記錄——阿卡西記錄——知悉人類與宇宙的關係，明白生命的意義等等。在這章，老子說，心思若能夠精進到「虛極」、「靜篤」的境界，那麼可以觀看到的，不僅是個人自己的生命巨畫，還包括所有生存活物的生命圖像即宇宙記錄了。

[31] 關於「王」的含意，請參章 25。

17

太上，下知有之；其次，親譽之；其次，畏之；其下，侮之。信不足焉，有不信焉。悠兮，其貴言。功成事遂，而百姓謂：「我自然」。

最好的統治者，人民僅知有其人而已；
次一等的，人民會親近並稱譽之；
更次一等的，人民會敬而遠之；
最下等的，人民會鄙視侮辱之。
如果統治者誠信不足，
便會失去人民的信任。
最好的統治者，悠悠然而不發號施令。
成功地辦妥一切政務，
人民反而說：
「我們自然地做到的啊！」

解說

在本章，老子把統治者分為四個等級。一般都用統治者道德操守的高下來分類，如上文的白話翻譯。其實，也可以採用統治者所處歷史時代的遠近來分類，解讀如下：「上古時代的統治者，人民僅知有其人而已；接下來中古時代的，人民會親近並稱譽之；再接下來近古時代的，人民會敬而遠之；最後到現代的，人民會鄙視侮辱之。」採用這角度來解讀本章，不僅顯示了四種道德操守的統治者，還說出了時代演變與統治者道德操守下降的相連現象。

在章 16，老子說那些努力培養虛靜的修道者，會像上古的聖賢明君，立下良好榜樣，故此適宜作領袖。若他們統治國家，他們將是最好的統治者。因為他們謙遜：「功遂身退，天之道也」（章 9）。由於他們不邀功，老百姓把他們的德政，當作自然發生的事情，不覺得需要歌功頌德，個人崇拜。

那些最下等的統治者，只著意於弄權術，斂財物。為了斂財，苛捐雜稅的法令五花八門，使得人民的生活苦不堪言。結果當然是怨聲載道，被人民輕侮。為了弄權，控制時局，常常朝令夕改，又怎能夠保持誠信呢。

與此相反，最上等的統治者完全以人民的福祉為己任。他們「處無為之事，行不言之教」（章 2）。他們以身作則，引導人民安居樂業而不與人相爭。可是，根據歷史所記載的資料，在老子的時代，那些最上等的統治者，已不復存在。該時代只有最下等的統治者。那麼，難道老子希望復古？為甚麼還常常提起那些不復存在的聖賢明君？愚見以為，老子只不過是借用統治者作為範例，以之代表四種不同道德操守的人類，藉此鼓勵大家修練「致虛」、「守靜」，培養道德。因為，任何人都可以變成「聖賢明君」來統治自己。跟著後面三章 18、19、20，老子會把這個理念更加詳細分析。

18

古大道廢，有仁義；知慧出，有大偽；六親不和，有孝慈；邦家昏亂，有貞臣。

以前的大道廢止了，
才標顯出繁文縟節；
智巧聰明出現了，
才多詐騙行為；
六親不和了，[32]
才看得出誰孝順慈愛；
國家昏亂了，
才突顯出貞烈的忠臣。

解說

從章 17 得知，最上等的統治者，讓人民安居樂業，因此人民不大理會他們如何統治國家，只知有其人而已。同理，在一個秩序良好的社會，沒有人會關注到忠臣烈士；可是，當一個國家處於動盪不安的時候，人們便會意識到忠臣烈士是多麼重要。在一個和睦的家庭，家中成員很少會分別誰孝順慈愛；但是，當一個家庭不和諧時，就會體會到孝慈的難能可貴了。因此，很自然的，當以前的大道廢止了，不再諭示人們應該如何生活時，人們便對仁愛和正義有深切的嚮往。這種嚮往標顯出繁文縟節，容易導致人們濫用聰明知識，反而製造了大量的詐騙行為。（可與章 38 同讀。）

[32] 六親，一般指：父、母、兄姊、弟妹、夫妻、子女。

【道經】

當大道廢止不再諭示，人們失去了明確的生活指引。不過，人類卻因此獲得了珍貴的自由意志。基本上，大道不是離棄人類。它只是改變運作方式，不再在外面物質世界諭示，改變為在人類精神意識內作提示。它化作人類的良知。在道家而言，道體是隱藏在人類意志中的「真人」。[33] 人類慢慢發展理智思維意識，可以自作主張，決定該如何應對良知的呼喚。

根據人智學，人類意識的演化，歷史久遠（參序言一，頁 II 和附錄一，頁 192–196）。人類由朦朧的昏睡意識，逐漸演化至有情知覺並且明晰的清醒意識。在有情知覺意識發展之前，人類意識狀態有些像現在做夢的情況，依稀感覺到精神世界（即所謂「道」）在指引自己如何生活。那時候，大部份人更可以通過觀察自然界的特殊現象，來辨知道體的諭示。

但是，如果人類繼續這樣接受指引來生活的話，便永遠不會演變成為自由自主的獨立個體。這種情況仿似父母養育孩子。當孩子成長到某一階段，父母便逐漸淡出他們的人生舞台，退到後方，好讓孩子慢慢作主處理自己的事情，學習獨立。相同的道理，當人類意識演化到快將可以獨立自主的時候，偉大的「道」也慢慢淡出人類的活動舞台，退到後方。它並沒有消失，只是隱藏在人類的精神意識內。不過大多數人不留意它的存在罷了。尤其當人們只信任感官知覺的意識，與及專注於物質上的感受，自然忽視了精神上的細微訊息。

人智學告訴我們，「道」、即「精神世界」的退隱，是進行得十分緩慢的。在這漫長的退隱過程中，於早期，精神世界還在提供奧秘的指導。然後，才逐漸減少，乃至完全消失。因此，在過渡期間，各地都設有「奧秘中心」。中心的老師培訓門人弟子，去識別和理解精神世界的神諭。然後，中心的高級弟子或許協助、或許親自治理人民，有些則混居於群眾中作他們的典範。在《道德經》中，章 15 描述了那些高級弟子（與及中心的老師）的儀容。章 10 和章 16 解釋

[33] 請參考章 10。

他們怎樣修練。章 17 可以說是敘述了，在「道」這漫長的退隱過程中，統治者素質如何日走下坡，逐漸由最上等降低到最下等。

此後，若人們努力不懈遵循章 10 及章 16 所建議的方法修練，他們便可以辨知內在的「道」，安詳地以守「道」為依歸。雖然，大道已不再於外面世界直接諭示人類，而且對大多數人來說，辨知內在精神意識的「道」還遙遙無期。但是，人們仍可以跟隨道體在大自然的運作法則，來充實豐富人生。事實上，《道德經》的主要目的就是教導大家，怎樣把這些仍可以觀察清楚的大自然法則，融入我們的日常生活中。

19

絕聖棄知，民利百倍；絕仁棄義，民復孝慈；絕巧棄利，盜賊無有。此三言也以為文，不足。故令有所屬：見素抱樸，少私寡欲。

棄絕聖明聰智，人民便會得益百倍；
棄絕繁文縟節，人民便會恢復孝慈；
棄絕欺詐圖利，人民便不會作盜賊。
這三句作為法則，是不足夠的。
還必須有所從屬：
　保持真純敦樸，[34]
　減少私心貪欲。

解說

在本章首段，老子用「聖、知、仁、義、巧、利」六個字來表達負面的現象。相信這些字原本是用來表示好美的德行或功能的。但到老子時代，已經失去原意。比如聖人原本是博通事理，學冠古今，但漸漸那些所謂聖人，只具有遠離正道的聰明智巧。其所謂仁愛正義亦不外是繁文縟節罷了。若採用他們的主張治理國家，將會導致人民倍增邪思貪欲，更加胡作妄為，老子認為必須擯除棄絕之。

從章 18 得知，「古大道廢」之後，社會演變得越來越混亂。很多有識之士，紛紛提出各種策略建議來控制局面。老子看問題看得透徹，知道那些建議只是治標並非治本。長

[34]「素」是白色的生絹，代表清真純潔的美德；「樸」是未經彫飾的木材，代表敦厚樸實的性情。

遠來說是沒有功效的。[35] 蓋一切混亂的根源，皆由私心貪欲而引起。所以，最基本的解決方法就是：「見素抱樸，少私寡欲」。

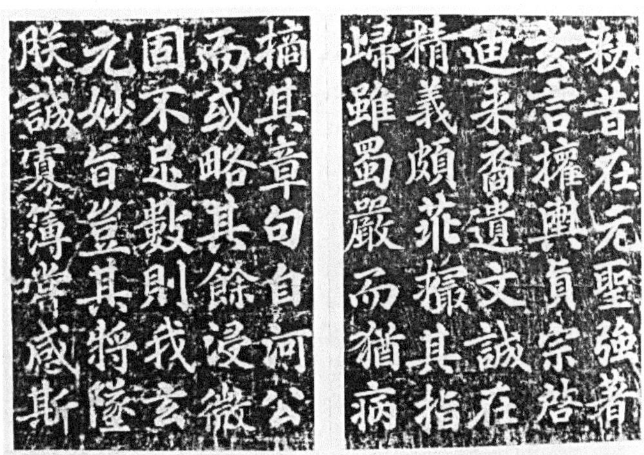

[35] 參章 57、58、65。

20

絕學無憂。唯之與訶，相去幾何？美之與惡，其相去何？人之所畏，不可不畏？荒兮其未央哉！眾人熙熙，如享太牢，如春登台。我獨泊兮，其未兆，如嬰兒之未咳；儽儽兮，若無所歸。眾人皆有餘，而我獨若遺。我愚人之心也哉，沌沌兮！俗人昭昭，我獨昏昏。俗人察察，我獨悶悶。惚呵其若海。恍呵其若無所止。眾人皆有以，而我獨頑似鄙。吾欲獨異於人，而貴食母。

停止學習世俗的成見，
便不會去分別計較以至憂慮。
應諾與訶斥，相距有多遠呢？[36]
美好與醜惡，相差在那裏呢？
人們所敬畏的，不可以不敬畏嗎？[37]
遠啊，與世俗的差距極大無窮！
眾人熙來攘往，
　好像參加豐盛筵席，
　好像春天登臺遊玩。
唯獨我淡泊恬靜，
　毫無擾攘的徵兆，好像尚未會發笑的嬰兒；
　落寞飄零，如無所歸屬。

[36]「唯之與訶」句，《帛書老子》甲本用「訶」字，乙本用「呵」字，都可以解作怒聲責罵。《王弼老子》則改用「阿」字，解作阿諛奉承之意。

[37]「人之所畏，不可不畏」句出於《王弼老子》，在《帛書老子》甲本這句是「人之所畏，亦不可以不畏」，在乙本是「人之所畏，亦不可以不畏人」，從整句行文來看，乙本的「人」字甚可能是抄寫時不小心加上的。

眾人都有用不完的機智聰明，
唯獨我好像完全没有。
我只有愚人的心思，沌沌的！

一般人都精明，我獨昏昧。
一般人都機警，我獨渾噩。
忽然，像處於大海。
茫然，像無處止息。
眾人皆有能耐，而我獨頑鈍淺陋。
唯獨我和眾人不一樣，
只重視哺養精神食糧的母親。

解說

在章 19，老子建議「見素抱樸，少私寡欲」以提高內在精神修養。在這一章，他生動地描述了，像他一樣的有道之士，是怎麼樣過日常生活的。

因為有道之士只注意內修，他們對社會熙來攘往、五花八門的活動，完全無動於中，不會花時間盲從虛假的繁文縟節。他們不會混淆事物的膚淺外相與真實本質。在本章，老子提出了三個簡單的問題，大家都可以猜測到，一般人會怎麼樣回答。但大家可有興趣探究，有道之士又會如何回答呢？毫無疑問，他們的答覆肯定與一般人不一樣。因為他們能夠超然物外，與世俗相距無窮遠。那麼，是甚麼法寶幫助他們達到這種境界，能夠淡泊恬靜地生活呢？

一般人都忙於追求物質享受，而有道之士則像一個愚人，忽視這種追求。對物質享受，他們不像其他人那麼精明機警，那麼有能耐。此乃因於他們一心一意靜候「道」在內的策勵。然而「道」隱藏如此之深，他們有時也會有「豫兮，若冬涉川」的疑惑（章 15）。有時甚至覺得像在大海一樣，迷失方向，無處歸依。不過，他們仍然認真遵守「見素抱樸，少私寡欲」。他們不會讓五色、五音、五味，來妨礙他們對「道」的進修（章 12）。他們珍視恩賜策勵的「道」，猶如一個天真無邪的嬰兒珍視餵養乳食的母親。

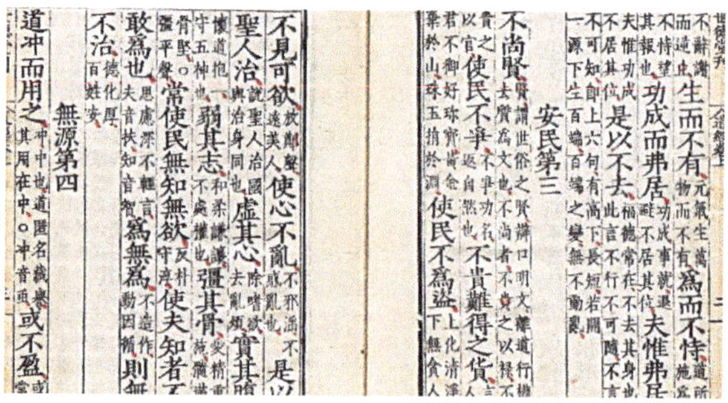
生而不有
為而不恃
功成而弗居
夫惟弗居
是以不去

安民第三

不尚賢
使民不爭
不貴難得之貨
使民不為盜
不見可欲
使心不亂
是以
聖人治
虛其心
實其腹
弱其志
強其骨
常使民無知無欲
使夫知者不
敢為也
為無為
則無
不治

無源第四

道沖而用之
或不盈

21

孔德之容，惟道是從。道之為物，惟恍惟惚。忽兮恍兮，其中有象；恍兮忽兮，其中有物；窈兮冥兮，其中有精；其精甚真，其中有信。自今及古，其名不去，以順眾父。吾何以知眾父之然也？以此。

最大美德的儀容，是依從道體而來的。

道體這個東西，只是恍惚模糊而矣。

雖然恍惚模糊，其中有形象；

雖然模糊恍惚，其中有物質；

雖然深邃幽暗，其中有精神。

這精神甚真實，充滿信息。

由現在上推至遠古，它的名稱從未失掉過，

它整理調順眾父。[38]

吾何以知眾父如此井然有序？

就是以它的信息。[39]

解說

本章可以說是一個小結，扼要地概括了《道德經》前面二十章的要點。在這裏，老子以稍異的筆觸鉤勒了章 1、4、6、14、16 所討論過的主題。並特別說明，若能夠理解「道」這個古老名稱的真正信息，便可以與自然界的萬物和諧共處。

---

[38]「父」，引申為根源之意。眾物的根源，就是道體（參章 16）。

[39] 請參章 1 內關於「道」與「名」的解說。

【道經】

記得在研究前面各章時，我們強調了這一點：遠古時代的人類，有夢幻般的意識，認知道體的恩賜大德，與道體有密切的聯繫（參章 18 解說）。那時代，人類對道體的經驗，就如老子所說，有些恍惚模糊。其後人類漸漸發展明晰的清醒意識，用來理解物質世界，以便發展自由意志，就慢慢失去了這種與「道」的密切聯繫。「道」並沒有消失，只是隱藏在人之內心深處。倘若人們願意修練致虛守靜，仍然可以與道體融合為一，順應萬物眾父。

接下來的 22、23、24 這三章，老子將以事例，更詳細解釋道體恩賜德性的奧妙之處。記得在前面 4、5、6 那三章，他已講述過道體恩賜德性的簡單原則。下面三章則是加以發揮。

敬請留意，接下來這三章的編排次序是完全依從《帛書老子》。即把通行本《王弼老子》的章 24 排放在其章 22 和 23 之前。本書章節號碼仍然順序，但會用括號在其旁附加上《王弼老子》的章節數字如所示：22【24】、23【22】、24【23】，以方便讀者參考檢閱。

在《老子》版本淺談（序二）內已經說過，本書共有三次把《王弼老子》章節編排次序移動。下面三章是第一次更改編排次序，還有另外兩次則是在「德經」。基於這移動緣故，《王弼老子》的章節號碼，將會有多處異於本書章節號碼。避免混亂，遂把那些相異的《王弼老子》章號附加上括號，以資識別。

22【24】

吹者不立：自視者不彰；自見者不明；自伐者無功；自矜者不長。其在道也，曰：餘食贅行。物或惡之。故有欲者弗居。

自我吹噓的人，不可能成立大事業：

自視高的人，事業不會昭彰；

好炫耀的人，事業不會明顯；

愛誇大的人，事業不會成功；

自驕矜的人，事業不會長久。

這類行為，

從至道的角度來看，可說是廚餘和腫瘤。

任誰都厭惡的，

故有理想欲求的人不這樣做。

解說

本章討論喜歡自我吹噓的人。根據他們囂張的態度，老子把他們分為四類：自視高者，好炫耀者，愛誇大者，和自驕矜者。他們本來希望自己的事業有昭彰，明顯，成功，和長久的成績。不過卻適得其反。他們那些行為不但不合乎至道，還使人厭惡。故此他們是否應該避免那樣的行為？

23【22】

曲則全，枉則正，洼則盈，敝則新，少則得，多則惑。是以聖人執一，以為天下牧。不自視，故章；不自見，故明；不自伐，故有功；弗矜，故能長。夫唯不爭，故莫能與之爭。古之所謂「曲則全」者，豈虛言哉！誠全而歸之。

委曲可以成全，
不直可以扶正，
低窪可以盈納，
破舊可以更新，
缺少可以獲得，
太多使人困惑。
是以聖人持守完整一統，
　　成為天下的牧人。
不自視高，因此事業昭彰；
不好炫耀，因此事業明顯；
不愛誇大，因此事業成功；
不自驕矜，因此事業長久。
由於不去相爭，
　　因此無人能夠和他相爭。
上古說的如「曲則全」等格言，[40]
　　並非空話呀！
　　是真正可以達到完整一統的。

[40] 指本章開始的六句格言。

解說

上一章老子說哪一些行為應該避免，這一章則講甚麼樣的行為可以持守。他先列舉六句古老格言，重複表明任何事物都往返於其兩端點之間（參章 2）。在這裏，「曲」解作把事情做得不正，錯失了的意思。當人有錯失，可以藉改過遷善，變回完美。但一個人不可能永遠完美，以後仍有許多場合會扭曲犯錯。同理，當人缺少物資時，可以精明地用各種方法去獲取。但當擁有太多物資時，便容易受困惑，還可以失去已所擁有的。

聖賢明白事物的二元性，不會害怕錯失，也不刻意追求完美；不會嫌少，也不會貪多。老子稱這種超越好惡的態度為「執一」。「一」代表一統、合一、完整、全部。可以說「執一」是一種持平守中的態度，不偏倚兩端點的任何一端，完全合乎「道」之「無」和「有」、「兩者同出」 的合一共存德性。能夠這樣做的人，便可以作為天下人的表率，天下的「牧人」。牧人也含蓋執一的意思。牧人會照顧他們全部的牲口，不會讓任何一隻迷失。（在章 27，我們將再探討牧人的美德。）

聖賢品性謙遜，不會自我吹噓。他們不自視高，不好炫耀，不愛誇大，不自驕矜。其避免吹噓的行為卻使他們的事業昭彰，明顯，成功和長久。他們不會去相爭，又怎會有人能夠和他相爭呢！他們清楚地知道，目前所擁有的不會永保不失。一切事物都於其兩端往返不息，就像月亮之陰晴圓缺。因此，聖賢不去相爭，只持守完整一統之「道」。

現在，讓我們比較這一章和上一章的主題。在上一章，老子指出希求立下美好事業的自我吹噓者，其願望不會實現。在本章，他指出，那些沒有希求立下美好事業，而只是執一守道的聖賢，卻能夠立下美好事業。如此說來：希求達成願望者沒有成果；沒有特別希求者卻反有好成果。這些情況是否令人莫名其妙？

24【23】

希言自然，飄風不終朝，暴雨不終日。孰為此？天地，而弗能久，而況於人乎。故從事而道者，同於道；德者，同於德；失者，同於失。同於德者，道亦德之；同於失者，道亦失之。

自然界發聲不會長久，
狂風不會刮整朝早，
暴雨不會下一整天。
為甚麼如此呢？
乃由於天地不能夠長久維持狂風暴雨，
因此更不用說人之於人事了。
辦事的意圖為了修道，便與道體合而為一；
　　為了有所得，便與有所得合而為一；[41]
　　為了有所失，便與有所失合而為一。
與有所得合而為一的，
　　道體實現其有所得的意圖；
與有所失合而為一的，
　　道體實現其有所失的意圖。

解說

在本章，老子解釋道體恩賜的運作原則，讓我們不再為章 22【24】和 23【22】所說的情況感到莫名其妙。

---

41 「德」通「得」。此句之「得」與下一句之「失」相呼應。

根據老子，道體恩賜的運作就像一台複印機，把人們的願望絲毫不改地實現出來。回顧章 4、5、6，老子借用三個比喻：容器、風箱、山谷，來說明道體恩賜的德性。道體像一個空的容器，什麼東西都可以盛裝，什麼願望都接納，不會預先決定我們應該有那些願望。它恩賜的運作就像一個「空氣入，空氣出」的大風箱一樣，實現我們的願望；也像一個山谷一般，回響我們願望的呼喚。它恩賜的功能只是幫助人們完成其意圖；人們收穫自己播下的種子。

既然，道體恩賜的功能只是幫助人們達成其意願，我們不禁要問：為什麼人們並不常常如願以償，心想事成呢？難道我們不經意地改變了自己的意圖而不知道？唉！有時候倒真是這樣呢。當人們想有所獲得時，大多會希望盡快得到成果。尤其有些人特別心急，於短時間內不能得償所願時，便會憂慮，會思索出種種可以令自己失敗的因素。由於不耐煩和擔憂，原本是「有所得」之意圖便微妙地轉變為「渴望有所得」之意圖。道體便回響以「渴望有所得」的結果：渴望有所得等於沒有得到。倘若明白將會得到，還需要去渴望有所得嗎？換一句話說，「渴望有所得」即是「有所失」之意圖。是以道體實現其「有所失」的結果了。

大多數人對這個得失關係，都有一些模糊的認識。知道在辦事時，最好不去胡思亂想。但許多時由於不能靜心，都是在不能自已的狀態下擔憂著。因此，他們的意圖混淆：有時是「有所得」，有時是「渴望有所得」（即「有所失」）。所以有時得償所願，有時則事與願違。他們以為自己有時好運氣，有時則運氣不濟。[42]

在拙著 *The Lord's Prayer* 書中，引用了一句短語「堅持—抗拒」（*persist—resist*）來形容這得失原則的微妙關係（p. 90）。如果我們堅持著希望得到某一樣東西，那麼這個東西便會抗拒呈現給我們。反過來，如果我們抗拒某一樣東

[42] 俗語說的「靜候佳音」就是這個意思。在事情尚未明朗化的時候，不要憂慮而去胡思亂想，應該安靜地等候，那麼自然會有好消息。其實，老子教導「致虛極也，守靜篤也」（章 16）的練習，正可以幫助養成這種良好的辦事態度。

西，那麼這個東西便會堅持呈現給我們。相信大家通常都會遇到這種「堅持—抗拒」的情形：當要尋找一樣東西時，卻忘記放在那裏，總找不著。但不再尋找時，便會記得失物放在何處，或者失物會忽然出現在眼前。下文將用「堅持—抗拒」的原則來分析22【24】、23【22】、24【23】三章所講述的情況。

首先，章22【24】的四個事例，正好表明了「堅持—抗拒」這個原則的直接關係。如果人們以自視高、好炫耀、愛誇大、自驕矜等行為來堅持得到如昭彰、明亮、成功、長久的事業，那麼，這樣的事業便抗拒呈現給他們。

接著，章23【22】的四個事例表明「堅持—抗拒」原則的反轉關係（即「抗拒—堅持」）。如果人們以不自視高、不好炫耀、不愛誇大、不自驕矜等行為來抗拒得到如昭彰、明亮、成功、長久的事業，那麼，這樣的事業將堅持呈現給他們。順便一提，章 7 所談及的矛盾——「是以聖人退其身而身先，外其身而身存。不以其無私邪？故能成其私。」——也正是表達這個原則的反轉關係；由於聖人抗拒領先而實踐「退其身」，那麼「身先」就堅持為聖人呈現出來。

最後，在本章24【23】，我們得知這個「堅持—抗拒」原則，實際上是基於道體恩賜的運作方式：「同於德者，道亦德之；同於失者，道亦失之。」做事時，若果與有所得合而為一，道體便實現其有所得的意圖；若果與有所失合而為一，道體就實現其有所失的意圖。

很可惜，很多人在不知不覺中與有所失合而為一，而不能夠得償所願。不過有一點值得注意，無論是有所得或有所失，均不會永遠有所得或有所失。即使天地也不能夠長久維持狂風暴雨，何況人之於人事呢。所以最理想是練習持平守中，不為得失傷神。因此，聖人辦事時，是與道體合而為一，以修道為目的。

25

有物混成，先天地生。寂呵寥呵，獨立而不改，周行而不殆，可以為天地母。吾未知其名也，字之曰道。強為之名曰大。大曰逝，逝曰遠，遠曰反。道大，天大，地大，王亦大。域中有四大，而王居一焉。人法地，地法天，天法道，道法自然。

有一個渾然自成的東西，
先過天地早已存在。
沒有聲音，沒有形相，
　　獨立長存而從不變更，[43]
　　循環周行而生生不息。
　　可以說是天地萬物的根源。[44]
我不知它的名稱，就叫它作「道」。[45]
勉強也可以稱它為「大」，
　　大而周行無所不至，
　　去到極遙遠的地方，
　　從極遙遠的地方返回原處。[46]

---

[43]「道」之「無」和「有」兩者同時出現的狀態從不變更。

[44] 關於道家之創世觀，請參考章 42 和附錄二。

[45] 比較摩西在焚燒荊棘叢的故事。他問上帝的名字，上帝回答說：「我是『我是』」(“I am the ‘I Am’”，出埃及記 3：13–14)。

[46] 想像有一個點在一個圓周上不停繞圈，它必定會經過最遠的一點，即其直徑的另一端，然後回到原處。假設直徑的另一端為極遙遠的地方。那麼，這個點繞圓一圈時，它總會去到遠方然後返回原處。可以說道體上每一部份都是這樣循環周行。有關這個幾何學觀點的詳細分析，請參閱 Sit，*The Lord’s Prayer*，pp. 34–36。

【道經】

道大，天大，地大，王亦大。
宇宙之中有這四大，
而王是其中之一。
人以地為法，
地以天為法，
天以道為法，
道的法就是順其自然。

解說

這一章，老子把章 1 和章 21 內所講論關於道體的深奧微妙境界，加以補充。道體這個渾然自成的東西，實在很難適當地稱呼它。叫它為「道」，是表示它像一滴充滿智慧的露珠（參章 1 解說）。稱它做「大」也無不可，因為它實在非常大，大到無所不至，去到極遠，卻又必定返回原處。怎麼樣稱呼它並不打緊，更重要的是應該明白它的法則。它的法則是循環不息地順其自然。其法則恆常是人類的典範，尤其是那些希望成為「王」的人士，更需要以「道」為法。

傳統上，「王」解作政治上的統治者，但在這裏，廣義地用它代表任何一個組織的主管。這個組織可以大至一個國家，或者小到只是單獨一個人。尤其，每一個人都應該熱切地希望成為宇宙中四大之一的「王」（參章 10、16、18 的解說）！事實上，「王」這個字，正象徵著一個能夠完成其理想或者使命的人。姑且讓筆者從「楷書」和「篆書」兩種不同風格的字體，來考察「王」在這方面的意義。

楷書

篆書

首先，察看這個字，在通行「楷書」的樣式。如上文圖左所示，它由三個分佈均勻的橫劃，和一直豎劃組成；那直豎劃通過中間橫劃而連接頂橫和底橫。若把頂橫視作天，底橫視作地，中間橫劃視作一個人，則直豎可以視作中間的人連貫天與地。那麼，這個「楷書」樣式的「王」字，就可以視作象徵著一個人，其理想是調和、體現天地的法則。

接下來，讓我們看看這個「王」字於古體「篆書」 的樣式， 如上文圖右所示。在這樣式，中部的橫劃不居正中，而是稍高。這個字的樣式象徵一個人伸出雙臂，站立在天地間。這個樣式可以視作象徵一個人在天地間，以背負著一個十字架為使命。

這第二個象徵隱藏著深厚的人類奧秘知識。施泰納曾多次在他的講學中指出，奧秘知識的傳統認為，十字架是一個人張開雙臂的象徵，而耶穌基督是這原型象徵的第一位履行者。從這個關於人類使命與王者的奧秘知識，我們可以理解為什麼耶穌基督被尊崇為萬王之王（King of Kings）。施泰納又說若人類冥想沉思奧秘圖像「玫瑰十字架」——七朵深紅色的玫瑰花，環繞著一個黑色的十字架。玫瑰花代表宇宙，十字架代表基督——將可以漸漸得到啟發，領會到應該怎樣履行人類的使命。

不論從人類使命或人類理想的角度，我們都可以理解到「王」蘊含深義，所以「王」是宇宙中四大之一。此外，我們也明白，為什麼《道德經》不是一本單純供王侯將相學習的讀本。筆者在序言已曾論及，並且在諸章節解說時也常表示，老子只是借用王侯將相的任務，來教導大家怎麼樣處理個人的事務，做一個頂天立地的至人，作人類典範的聖賢。事實上，這本經書是教人如何實踐「王」的理想，完成「王」的使命。是不是可以這樣說：每個人都是踏步在準備成「王」的途徑上呢？

26

重為輕根，靜為躁君。是以君子終日行，不離其輜重。雖有榮觀，燕處超然。奈何萬乘之王，而以身輕於天下？輕則失本，躁則失君。

重是輕的根本，
靜是躁的主宰。
所以，君子整天的行旅，[47]
都不遠離他們的行李。
即使壯麗美景當前，
仍可安詳超然處之。
為甚麼一個擁有萬乘兵車的王侯，
　卻認為身體輕於天下呢？[48]
輕率便容易失去根本，
浮躁便容易失去主宰。

解說

在上一章，老子表明「王」是宇宙中四大之一。此後，《道德經》的上部即「道經」，將專注於討論為「王」之道，而下部即「德經」，則將專注於講述實踐為「王」之德。儘管老子所謂的「王」是指含義廣泛的王，他並不迴避使用傳統王侯將相的理想和活動來作教材。人類文明可能會不斷發展和變化，但理想的「道」和「德」是永遠不會過時的。老子所教，是歷久常新的。

---

[47] 君子可解作在位者或國君，亦可解作才德出眾的人。
[48] 昭僖侯認為，他的兩個胳膊都較天下更重要。請參章 13 解說。

老子以重與輕來比擬心思靜與躁的狀態。從經驗得知，輕薄的東西，很容易飄走移動，厚重的則穩定，難以移動。一個沉靜的心就像一件厚重的物品，一個浮躁的心就像一件薄輕的東西。

歷史上，除了老子，尚有其他大聖賢實踐穩重不動的「靜心」修練。例如，儒家亞聖孟子（公元前 390－305），曾經告訴他的弟子，他在 40 歲時，已經達到了「不動心」的境界。又或者如釋迦牟尼佛（約公元前 566－486），他的覺醒故事，敘述他一動不動地坐在菩提樹下，沉思七天。一般佛教徒通常會像佛佗一樣盤腿沉思，因為這樣的姿勢可以牢牢地固定一個人的身體而使心思容易安靜下來。

當身體固定於一處，當然不方便走動。在不方便走動的環境，自然會減少匆忙行事。因此，特意打造不方便的環境，是可以減少輕舉妄動而有利於培養靜心的。據說西藏喇嘛邱陽創巴仁波切（Chögyam Trungpa Rinpoche，1940－1987），最善於締造不方便的環境以培養靜心。他的弟子說，他常把家具移動安排，使自己在室內走動稍為不方便；又常在穿著西裝時，底下穿著很緊身的衣服。藉著這些方法，他可以更加不斷修練「持中守靜」。[49]

有道德修養的君子不遠離他們的行李，可以減少輕舉妄動。雖然美景當前，由於他們持重的態度，能夠超然處之。這個情況是比喻他們不會受誘惑而離開修道的正途。他們更不會像那些擁有萬乘兵車的王侯，因為欲得天下而草率行動以至傷身害命。既然持重的作用是在於達到守靜，所以老子今後不會再特意談論持重，而將會集中於討論守靜。

---

[49] 見 Pema Chödrön, *The Wisdom of No Escape: And the Path of Loving–Kindness*, pp. 94–95.

27

善行者無轍跡，善言者無瑕謫，善數者不用籌策。善閉者無關籥而不可啟也。善結者無纆約而不可解也。是以聖人恒善救人，而無棄人，物無棄財，是謂襲明。故善人，善人之師；不善人，善人之資也。不貴其師，不愛其資，雖智乎大迷。是謂眇要。

善於行走的人不留痕跡，
善於說話的人不打妄語，
善於計算的人不用籌碼。
善於閉門的人不用門鎖，
　免得門打不開；
善於結紮的人不用繩索，
　免得結解不開。[50]
所以，聖人永遠善於救助人，
　而不放棄任何人。
對於物品資源，從不浪費。
這就是沿襲古人的明德。
所以至善的人，是教人為善的老師；[51]
不善的人，是至善人的資源。

[50] 此兩句的大意是：善於閉門者不用門鎖，以方便其他人開門進入；善於結紮的人不用繩索把物綁實，以方便其他人不須解結使用該物。這兩句原文還可有其他方法解讀，詳見解說內文。

[51]「故善人，善人之師」句取自《帛書老子》。在《王弼老子》，此句多了個「不」字：「故善人，不善人之師」。《帛書老子》表示至善的人是所有人的老師，非獨單教化不善的人，含義較廣。

若如不重視為人師表，不愛惜資源，

雖然有知識，其實是迷失了途徑。

這就是精深奧妙的道理。

解說

那些持重守靜的君子，不會輕舉妄動（章 26）；其所作所為都能夠自然地止於至善。他們謙虛，從不吹噓炫耀自己（章 23【22】），並且在完成任務後又不居功（章 2）。因此，在他們的人生旅程上，不留下任何功業的痕跡。他們說話真誠（章 8），從不打妄語。他們辦事時，不注重損失或收益。他們瞭解道體恩賜的運作原則是：「同於德者，道亦德之；同於失者，道亦失之」（章 24【23】）。即使有所獲得，亦無法長久保持所獲。因此，辦事時只以修道為目的。他們不需要用算碼記錄交易的得失。

聖人知道關門時再上閂鎖的話，會使別人（沒有鎖匙的人）不得其門而入。聖人是有教無類的老師，當然不會用閂鎖閉門，拒人於門外。同理，聖人知道用繩子把東西紮實結好的話，別人便難以拆解拿取那些東西使用。聖人不想浪費物資，自然不用繩索捆綁東西。還有「用繩索捆綁東西」可以比喻是限制或約束人們的潛能。因此，著重鼓勵別人發展潛能的聖人不會使用繩索去捆綁規限別人。

關於「善閉者無關籥而不可啟也。善結者無繩約而不可解也」，一般尚有其他方法理解，玆列舉一二以供參考。

其一：

善於閉門的人不用閂鎖，但門卻不可以打開；

善於結紮的人不用繩索，但結卻不可以解開。

這個讀法的意思是：善於閉門的人本領高深，門不上鎖，別人也無辦法打開進入請教求助；善於結紮的人技巧超群，捆綁東西不用繩索，別人也無辦法解開取用該物。從字面上，可以這樣解讀。但與下文的「聖人恒善救人，而無棄人，物無棄財」卻有所抵觸。倘若聖人把門緊閉，他們如何常救助他人呢？倘若聖賢把剩餘物結紮綁實，他們如何讓別人取用免浪費掉呢？此外，除了魔術師在表演，誰人可以關門不上鎖、別人也無法打開，東西不用繩索結紮、別人也無法解開。所以，這個讀法不合常理。

其次，這兩句文字亦可解作：

> 善於閉門的人，沒有任何閂鎖是打不開的；
>
> 善於結紮的人，沒有任何繩結是解不開的。

這個理解的意思是：善於閉門的人和善於結紮的人分別是開鎖和解結的大師，可以開啟任何閂鎖和拆解任何繩結。這個理解可以比喻聖人善於開鎖救人而無棄人，與及善於解結而無棄財，與下文相應而無抵觸，是可以接受的。只是，其上文三句都在說聖人不做甚麼，而這讀法卻說聖人可以做甚麼，略嫌這個讀法與上文三句行文失去一貫性。故此，當以譯文解讀方式為理想。

聖人不使用閂鎖和不使用繩索，亦可以引伸理解為：聖人解脫了名韁利鎖的束縛。名利不會像閂鎖繩索般困擾妨礙他們的修行。總括來說，聖人有教無類，並且樂意與人分享一切。事實上，「聖人執一，以為天下牧。」（參看章 23【22】）。一個牧人愛護整群牲口；不論好壞，同樣愛護。在《聖經》裏有一個故事說，一個牧人有一百隻羊，但一隻迷失了路。牧人不斷尋找牠，直至找到為止（馬太福音 18：12－14 和路加福音 15：3－7）。因此，牧人可以是代表因循明理，毫不偏倚的聖人。

一個德行善美的人可以是眾人的老師，為善行的榜樣。一個不善的人，不應被遺棄，拒諸門外，而應視作可以讓善人教導如何為善的資源。真正的老師對品學兼優和資質低劣的學生都一視同仁，同樣關懷教導。老子就是如此巧妙地闡釋「執一」的道理。

28

知其雄，守其雌，為天下谿。為天下谿，恒德不離。恒德不離，復歸於嬰兒。知其白，守其黑，為天下式。為天下式，恒德不忒。恒德不忒，復歸於無極。知其榮，守其辱，為天下谷。為天下谷，恒德乃足，恒德乃足，復歸於樸。樸散則為器，聖人用則為官長，夫大制無割。

認知雄強的動力，
　持守雌弱的虛靜，[52]
　作為山間的溪澗。
作為山間的溪澗，
　恒德就不會離開。
恒德不離開，
　便回復到如嬰兒般的純真。[53]
認知光亮，
　持守暗昧，
　作為演化的模式。
作為演化的模式，
　恒德就不會差錯。
恒德不差錯，
　便回復到最原始的境界。

---

[52] 關於雌雄的互相作用，參章 61：「牝恆以靜勝牡。為其靜也」。此外，根據人智學（見附錄一），男人的物質身體為雄性，而生命體為雌性。女人則相反，物質身體為雌性，而生命體為雄性。從這觀點來看，男人應是知外守內，而女人則是知內守外。

[53] 參「能如嬰兒乎」（章 10）和「如嬰兒之未咳」（章 20）。

【道經】

認知榮耀，
　持守卑下，
　作為開放的山谷。
作為開放的山谷，
　恒德就會盈滿充足，
恒德盈滿充足，
　便回復到如木頭般純樸無華。
木頭割開了可以作器具，
但聖人管治是用完整
　不割開的大法制。[54]

解說

本章繼續探討聖人如何平衡事物兩端以持守整體。他們的理想是「執一，以為天下牧」（章 23【22】）。一方面他們努力於明白事物陽剛狀態的道理（如雄強的動力、光亮、榮耀）；另一方面他們又同時保護與及持守事物陰柔狀態的品德（如雌弱的虛靜、暗昧、卑下）。

如是，他們就好像一條溪澗，使充滿動力的水在虛靜的河床上自然地向下奔流，不會離開應該往前之正途，有如嬰兒般毫無機心；他們也好像一幅光暗組成的圖案，調和而不會有差錯，回復到最原始的忘我境界；他們也好像一個開放的山谷，接收一切自然氣象，感覺滿足平實如木樸那樣真純敦厚。

---

54 本章內四節經文編排的前後次序，主要是依從《王弼老子》。節 1 談「復歸於嬰兒」，節 2 談「復歸於無極」，節 3 談「復歸於樸」，節 4 則跟著以「樸」作總結。《帛書老子》，則在節 2、4 中談「樸」，節 3 談「無極」，隔開了談「樸」的文字。所以本章依從《王弼老子》編排的次序。

修練到如此爐火純青的聖人，當然就是「王」，自然持守合乎「執一」之道。會以身作則做人民的模範領袖。他們是「處無為之事，行不言之教」（章 2），不會使用割裂的法制，把整體人民分割成互相爭奪利益的小黨派。

29

將欲取天下而為之，吾見其不得已。天下，神器也，非可為者也。為者敗之，執者失之。物或行或隨，或熱或吹，或強或挫，或培或墮。是以聖人去甚，去大，去奢。

想要拿取天下的事物而控制它們，
　我看是不可能的。
天下的事物是神聖的東西，
　並非可以控制的。
想控制它們的人只會失敗，
執意實行的人只會失望。
凡一切事物：
　有時行前、有時隨後，
　有時溫熱、有時寒冷，
　有時強健、有時軟弱，
　有時興旺、有時衰落。
所以聖人去掉
　太甚，太過，太奢等極端行為。

解說

人們往往會走向極端，是因為他們通常忽略了事物變化的規律。事物於兩極端之間循環不斷，就像潮汐漲落或月亮圓缺。這種規律不能控制。道家傳統認為，即使天地也改變不了這規律。例如《簡本老子》中的《太一生水》便明白指出，這種規律乃「天之所不能殺，地之所不能釐」（附錄二）。事實上，天地連狂風或暴雨也不能夠長久維持（章

24【23】），更遑論改變事物變化的規律了。因此，聖人不固執於單一方面，尤其避免極端的行為。

基本上，章 27、28、29 都在探討「執一守中」的原則。在章27，老子闡釋聖人關懷整體，同樣重視善人和不善人。在章28，他說明協調對立面的重要性，不要分割整體。在本章29，他提醒人事不斷循環變化的規律，是沒有人可以改變的。故此，應避免太甚，太過，太奢等極端行為。

30

以道佐人主，不以兵強於天下。其事好還，師之所處，荊棘生之。善者果而已矣，勿以取強焉。果而勿驕，果而勿矜，果而勿伐，果而不得已，居，是謂果而不強。物壯而老，謂之不道，不道早已。

用正道輔助國家領導人，
不用武力逞強於天下。
戰爭之禍害容易回頭返擊，
且看屯過兵的營地，都荊棘叢生！
善於用兵的人，
　　只圖沒有戰事，
　　不用武力逞強。
若得到成果，不要自滿，
若得到成果，不要自負，
若得到成果，不要自大，
若不能得預期成果，立刻停戰。
這就是不用武力逞強。[55]
萬物太過壯大，便會衰老，
　　就是不合乎守中之道，
不合於中道的事情，應該及早停止。

[55]「果而不得已，居，是謂果而勿強」取自《帛書老子》。《王弼老子》作「果而不得已，果而勿強」；少了「居，是謂」三個字。《帛書老子》，更明顯地說清楚，不用武力逞強的意思，乃在於不能完成預期效果時，立刻停戰。

解說

在章 29，老子指出，「將欲取天下而為之，吾見其不得已」。在這裏，他以戰爭為例子，解釋戰爭是使用橫強暴力，遠離了「去甚，去大，去奢」之中道。「不道早已」，不合於中道的事應當及早停止。

許多統治者都知道戰爭的後果很可怕，但他們的野心往往掩蓋了人道上的顧慮。老子警告說，為取勝而使用橫強暴力是乖離正道的。應該明白正道的原則是不與他人相爭（章 8）。與他人相爭之軍事禍害容易還擊過來。比如屯過兵的營地，都荊棘叢生，造成凶荒。其實，不獨軍事，任何事件的惡果，都返回到其始作俑者（請參章 25 ：「大曰逝，逝曰遠，遠曰反」的解說 ）。那些強迫別人踏上滅亡之路的元凶也正在驅趕自己走向滅亡之地。因此，遵循正道的統治者不會這樣做。他們會真誠地和謙虛地尋找和解的辦法。例如亶父不想戰爭以致生靈塗炭，甘願遠走他鄉；昭僖侯不想損害珍貴的身體而願意議和（參章 13）。漢朝的第五位皇帝劉恆（公元前 180－157），也有一則著名的軼事，他寫了一封誠懇謙恭的信，安撫一個亟欲謀反的大將軍趙佗，因而化解迫在眉睫的戰爭。[56]

在下一章，老子繼續說明為甚麼戰爭不合乎正道。

---

[56] 見例如，南懷瑾，《老子他說》，頁 14–22。

31

夫兵者，不祥之器也。物或惡之，故有欲者弗居。君子居則貴左，用兵則貴右。故兵者非君子之器也。兵者不祥之器也。不得已而用之，恬淡為上，勿美也。若美之，是樂殺人也。夫樂殺人，不可以得志於天下矣。是以吉事尚左，凶事尚右；是以偏將軍居左，上將軍居右，言以喪禮居之也。殺人眾，以悲哀蒞之。戰勝，以喪禮處之。

兵器是不吉祥的東西。
任誰都厭惡它，
故有理想欲求的人不使用它。[57]
君子日常起居以左邊為尊貴，
用兵打仗則以右邊為尊貴。
故兵器不是君子的東西。
兵器是不吉祥的東西。
若不得已而必須用兵打仗，
最好是平淡地處理，即使戰勝也不要引以為榮。
若以戰勝為光榮，即是喜愛殺人了。
若喜愛殺人，便不可以當世界的領袖了。[58]
喜慶事以左邊為尊貴，喪葬事以右邊為尊貴。
副總司令在左邊，主戰之總司令在右邊，
正表示打仗猶如辦喪事。

---

[57]「物或惡之，故有欲者弗居」。 亦見於章 22【24】。

[58] 那些「有欲者」希望「得志於天下」，當世界的領袖，意氣風發，控制別人。他們大都尚未真正瞭解，領袖實際上是人民的公僕。領袖應以人民的意志為依歸，而不是強迫人民接受他們自私自利的意志（參看章 49）。

戰爭會殺人眾多，應懷著哀慟心情參與。

即使戰勝，亦應該以喪禮儀式來紀念。

解說

中國的古禮，尊崇左邊，所以「吉事尚左，凶事尚右」。老子指出，統領戰事與及主持喪事都從右邊進行，正表明戰爭是凶事。況且有這麼多人在戰爭中死亡，即使戰勝，也應該以喪禮儀式來紀念。

老子敦促統治者不要發動戰爭，不僅是因為戰爭毀壞生計──「師之所處，荊棘生之」(章 30）。更迫切的是，戰爭非常殘酷，「殺人眾」、導致大量傷亡。於第二部份「德經」內，老子將仔細分析避免戰爭的有效方法 (參章 65、66、67【80】、68【81】）。倘若逼不得已而必須戰爭，他亦宅心仁厚地討論策略，如何在戰爭中盡量減少傷亡 (參章 69【67】、70【68】、71【69】）。

32

道恒無名。樸雖小，而天下弗敢臣。侯王若能守之，萬物將自賓。天地相合，以降甘露。民莫之令而自均。始制有名，名亦既有，夫亦將知止，知止所以不殆。譬道之在天下也，猶小谷之與江海也。

道永遠沒有名稱。
它的運用雖然簡樸細微，
　　但沒有人能夠臣服它。
侯王若能夠遵守道的原則，
　　萬民將自動歸順。
天地相和合，而降甜美甘露。
人民不須指令，而自動均分所得。
當開始設立法度，名稱便隨之冠上，
已經有名稱了，
應該知道適可而止吧。
知道適可而止就不致危險。
就好像道在天下一樣，
就好像小溪流入江海一樣。[59]

解說

老子說，「將欲取天下而為之，吾見其弗得已」（章29）。他先以戰爭為例說明白，若想通過武力稱霸世界者，只會令人民吃苦，傷亡慘重。在這章，他給出另一個例子，

[59] 意即「天下弗敢臣」和「萬物將自賓」。

說明統治者設立獎罰法度來控制人民，是違反自然法則，也不會成功的。因為自然法則是「大制無割」（章 28）。

關於「道」的「名」，老子似乎給出相反的說法。在章 21 他說，「自今及古，其名不去」；可是在這章，他卻說，「道恒無名」。他是否自相矛盾呢？其實並沒有矛盾。因為「名」這個字在兩處表示不同的含意。在章 1 他已經幽默地暗示著「名」可以有不同的含義：「名，可名也，非恆名也」。一般冠上名號的稱謂，都是暫時性的；不同於永恆之道體的本然稱謂。代表道體這個「名」的發音：「道」（Dào），則自今及古都從未變更，並且與道體一樣永恆。可是代表各種法制稱謂的「名」，道體是從來沒有的。因為道體的原則是順其自然（章 25）。它沒有分割的法度（名稱）來控制人類。根本上，道體永遠沒有控制人類的欲求。若每一個欲求以一個名稱代表的話，當然可以說「道恒無名」（請同參閱章 34）。

道體的境界是「視之不見」、「聽之不聞」、「捪之不得」（章 14），非語言文字所能形容的。故此老子常借用一些普通事物如溪流、山谷、嬰兒等，來表達道體各方面的德性。「樸」，一塊未加工成器的木材，雖然細小不起眼，但它正好代表著道體的樸實無華、敦厚完整德性。民眾本來也是純樸敦厚、互助互愛，願意均分大自然豐富的賦予。只因為設立了獎罰法度（名稱），才令民眾分裂，互相傾軋。老子勸勉說，當統治者不再立法擾民，他們不但不會被人臣服，還會有很多民眾自動歸順他們，就像小溪流注入大河和海洋一般。這就是「大制無割」的優良成效。

33

知人者，智也。自知者，明也。勝人者，有力也。自勝者，強也。知足者，富也。強行者，有志也。不失其所者，久也。死而不忘者，壽也。

了解別人，是外知的機智。
了解自己，是內察的英明。
勝過別人，有克服外障的力量。
勝過自己，有克服內障的能耐。
知足不貪，生活自然豐富。[60]
自強不息，意志自然堅定。
不迷失本性，便能歷久不衰。
雖死而精神猶在，即是長壽。

解 說

在花了大量篇幅討論關於外在的事物後，老子返回談論有關內在修養這個主題，以免我們失去根基。關於知足和長壽的意義，他將會在 44、45、46、50 等章，再加以發揮。

《道德經》第一部份之「道經」即將完結。跟著的 34—37 等四章，可以看作是「道經」的尾聲，主要在於重溫一些已曾討論過的重要議題。

[60] 由於知足不貪，便不覺得有所缺乏或有所需，自然感覺生活豐富。在這並非指財資豐厚。

34

道泛呵，其可左右也，成功遂事而不名有也。萬物歸焉而不為主，則恒無欲也，可名於小。萬物歸焉而不為主，可名於大。是以聖人之能成大也，以其不為大也，故能成大。

道廣泛流溢，[61]
散向左右各處。
成功遂事而不求占有名聲。[62]
萬物來歸卻從不加以管制，[63]
　它永遠都無欲求，
　可稱其欲求意圖小於小。
萬物來歸卻從不加以管制，
　可稱其容納量度大於大。
聖人之所以有大成就，
　正因為他們不以有大成就為目的，
　故此能夠有大成就。

解說

記得在章 8，老子說上善的水「居眾之所惡，故幾於道矣」。但與道體本身還有些差距。在此，他說出因由。原來是份量上的差別：道體像洪水般，不僅向低流而且向各方廣泛流溢。

---

61 或許讀者可以從本書封面的國畫領會到道體廣泛流溢的氣勢。
62 參章 2:「成功而弗居」，及章 9:「功遂身退，天之道也」。
63 參章 2:「萬物作而弗始，為而弗恃」，及章 32:「萬物將自賓」。

【道 經】

在這篇總結「道」的德性章節中，老子對道體的小與大，提供另一個層面的看法。在章 32，他說道體細小如不起眼的小木樸，他那個比喻著重於道體的敦厚完整性。在這章中，他說道體小於小，意即無限小、相當於沒有。他所指道體的小是著重於其「不為主」的小。道體意圖佔有萬物和控制萬物的欲求是永遠沒有的。若果每一個欲求都冠以一個名號的話，那麼，道體是恒無名的（參章 32）。

在章 25，老子說，道體是如此之大，大而周行無所不至，去到極遙遠的地方，從極遙遠的地方返回來。在此，他所說道體的大是其「萬物來歸」的大。他描述其容納量度是大於大，無限大，可以接受萬物來歸。

拙著 *The Lord's Prayer* 主禱文書中，借用一條富有彈性的弦線來比喻道體的小和大。想像當弦線收縮到無限短（小）的話，那麼它就顯示道體非佔有欲的德性；當線伸張至無限長（大）的話，則表示其容納性。事實上，道體是同時無限小和無限大的。正因它之佔有欲無限小，故此它之容納性便無限大。同理，正因它之容納性無限大，故此它之佔有欲便無限小。

聖人意圖於有所成就的欲求是小的，故此他們能夠達到的成就便大。這現象也可以理解為「堅持—抗拒」原則的反轉關係。在章 7，老子已經應用過——「聖人退其身而身先，外其身而身存。不以其無私邪？故能成其私」——然後在章 24【23】明白點出「道」並沒有控制人們的欲求，只是反映人們的欲求而矣。其狀況是「同於德者，道亦德之；同於失者，道亦失之。」所以聖人辦一切事時皆以修道為目的，自然與道體之小大德性合而為一。

35

執大象，天下往。往而不害，安平泰。樂與餌，過客止。故道之出言也，曰：「淡呵其無味也。」視之，不足見也。聽之，不足聞也。用之，不可既也。

持守大道的人，
天下人都會歸向他們。[64]
歸向只有利而無害，
會得到安詳、和平、舒泰。
耍樂與美食，會引過路人停步。[65]
但絕對不如道所發出的的信息：
雖然淡而無味，
看也看不見，[66]
聽也聽不到，[67]
但用的話，卻用之不盡。[68]

解說

當聖人與道體的德性融合如一，形像自然彷似道體一般偉大，無所不包、無所不容，充滿安詳、和平、舒泰。耍樂

64 參章 32：「侯王若能守之，萬物將自賓」。
65 參章 12：「五色令人目盲，五音令人耳聾，五味令人口爽」。
66 參章 14：「視之不見，名曰微」。
67 參章 14：「聽之不聞，名曰希」。
68 記得在章 4、5、6，老子用三個比喻：容器、風箱、山谷，來說明道體的恩賜德性是用之不竭的。

與美食怎能夠與這些發自內心的寧靜相比較。人們當然願意跟隨他們，沐浴在他們春風化雨的環境中。

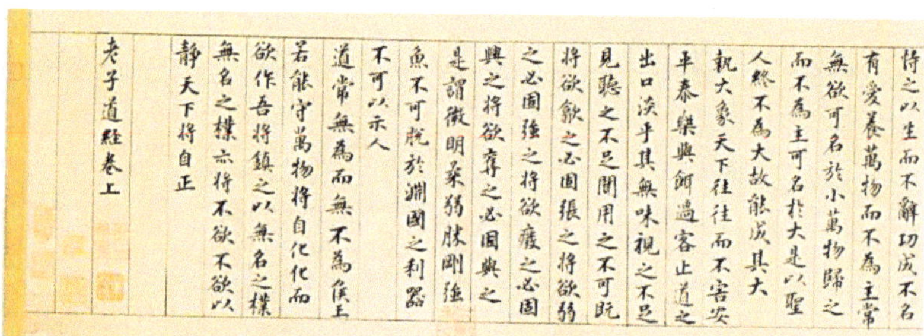
恃之以生而不辭功成不名
有愛養萬物而不為主常
無欲可名於小萬物歸之
而不為主可名於大是以聖
人終不為大故能成其大
執大象天下往往而不害安
平泰樂與餌過客止道之
出口淡乎其無味視之不足
見聽之不足聞用之不可既
將欲歙之必固張之將欲弱
之必固強之將欲廢之必固
興之將欲奪之必固與之
是謂微明柔弱勝剛強
魚不可脫於淵國之利器
不可以示人
道常無為而無不為侯王
若能守萬物將自化化而
欲作吾將鎮之以無名之樸
無名之樸亦將不欲不欲以
靜天下將自正

老子道經卷上

36

將欲翕之，必固張之。將欲弱之，必固強之。將欲去之，必固興之。將欲奪之，必固予之。是謂微明。柔弱勝強。魚不可脫於淵，邦之利器不可以示人。

將欲收縮的，
　　必因已經擴張盡。
將欲減弱的，
　　必因已經增強完。
將欲萎去的，
　　必因已經興旺畢。
將被奪走的，
　　必因已經給與過。[69]
這就是微妙的道理：
　　柔弱的將取替剛強的。
魚不應該離開深淵，
國家利器不可以示人。

解說

本章開始四句的文字，一般都這麼樣解讀：「若想事物收縮，必先讓其擴張。若想事物減弱，必先讓其增強。若想……」。這樣讀法，暗示老子在提倡狡猾操縱的策略，完全違背他哲學的一貫宗旨。他一直鼓勵著人們修養到如嬰兒般天真純潔（章 10、28），如木樸般簡單敦厚（章 15、

[69] 這首四句都是關於事物對立面的自然變化。請比較章 2、28、29 的討論。

19、28），並如牧人般持守完整一統（章23【22】、28）。他怎麼會在「道經」的尾聲教導狡猾操縱的策略呢！

愚見認為，老子僅是平平實實地陳述事物在兩端點之間來回變化的規律。雖然，他已曾經在章2、28、29 等處討論過這規律的情況。在此，他另外以事物擴張收縮、減弱增強等現象，再討論這規律的要點：將欲收縮的必因已經擴張盡，反之將欲擴張的則必因已經收縮完。他稍後還會在「德經」的章 42 重複地說：「物或損之而益，或益之而損」。但是由於大多數人都只喜歡事物的擴張、增強等情況，而忽視了它們將來必定會收縮、減弱等現象，所以老子特別提醒大多數人所忽視的這一面。至於聖人，他們不感情用事（章5），對強弱沒有特別愛憎。他們只與道體合一，讓事物順其自然發展：「或行或隨，或熱或吹，或強或挫，或培或墮」（章29）。

我們對本章開始四句的解讀不同於一般，對尾句關於「利器」的含義也持另一觀點。普遍把「利器」解釋為鋒利的軍事武器，愚見則認為它是代表鋒利的法律制度。

在章 32，老子說：「始制有名，名亦既有，夫亦將知止」，建議法律制度的設立，應該適可而止。在此，他則更進一步，勸告國家領導人把已經制訂了的法制收起來，不再告示於民眾。他用魚和魚鉤來說明他的見解。魚自然地留在深淵，可是當有鉤餌誘惑，他們會被引離深淵，從而上釣。同樣，一般老百姓如魚得水般過著自然簡樸的生活。但是，當有利器（法制）告示出來，他們會被引離簡樸的生活而去競爭，盜竊，迷困於貪念（章 3）。因此，最好還是藏起這些利器不作展示。 在「德經」的章 57，老子將會再發揮這個理念。

老子所說，雖是至理名言，但推測即使在他的年代，已不會有國家首領跟隨他這種主張治國；至於 21 世紀的現代更不用說了。筆者在序言已曾談及這點，並且在諸章節解說中也常重複表示，老子只是借用國家領導者治國應有的原則，來教導大家怎麼樣處理個人事務，做一個頂天立地的至人。不論外面的環境如何，一個人最重要的是保持無所欲求，令心不隨物轉。故他在「道經」的最後一章再次討論如何達到無所欲求、心思寧靜的境界。

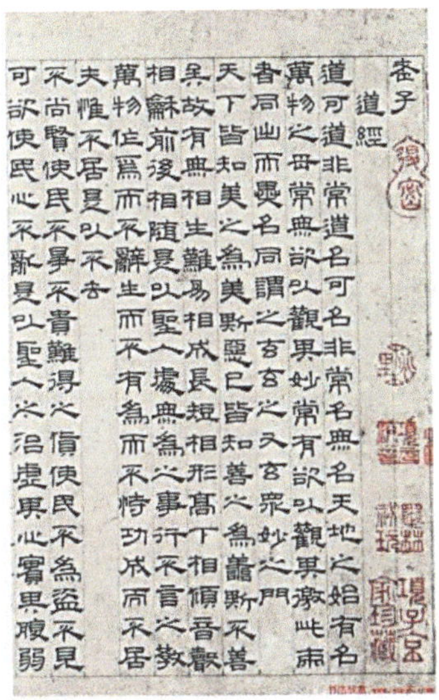

老子道經

道可道非常道名可名非常名無名天地之始有名
萬物之母常無欲以觀其妙常有欲以觀其徼此兩
者同出而異名同謂之玄玄之又玄衆妙之門
天下皆知美之為美斯惡已皆知善之為善斯不善
已故有無相生難易相成長短相形高下相傾音聲
相和前後相隨是以聖人處無為之事行不言之教
萬物作焉而不辭生而不有為而不恃功成而不居
夫唯不居是以不去
不尚賢使民不爭不貴難得之貨使民不為盜不見
可欲使民心不亂是以聖人之治虛其心實其腹弱

37

道恒無名，侯王若能守之，萬物將自化。化而欲作，吾將鎮之以無名之樸。鎮之以無名之樸，夫將不欲。不欲以靜，天地將自正。

道永遠沒有名稱，
侯王若能守道，
萬民將會自然生長變化。
生長變化時，若有欲求發作，
我將教導他們安定如無名之樸。
安定如無名之樸，
便可以清除化解欲求。
欲求消失，心思便寧靜，
世界便自然安定。

解說

本章首句，在《帛書老子》是「道恒無名」，重複了章32的首句；在《王弼老子》是「道常無為而無不為」——推測來自章 48 的「無為而無不為」句。兩版首句，各自別有用意，且暫略分析為何拙書選用前者。《老子》的下部「德經」，主要是講解「無為」的意義、效用、和實踐方法。《王弼老子》特意在「道經」尾章提出「道常無為而無不為」當作「德經」的引子，是相當高明的手法。可是《帛書老子》仍保留「道恒無名」句不加更改，雖然這句重複了章 32 的首句。但相信這個重複不是錯簡而是特意用來強調「道恒無名」，與上一章「邦之利器不可以示人」那句話的微妙關係。正由於這關係，所以就需要在「德經」詳細講解怎樣實踐「無為」。由是觀之，《帛書老子》含義更幽微深遠，所以選用。

我們的每一個欲求意圖和我們每一條制訂的律法，都會採用一個名稱來標示。可是道體永遠沒有控制任何人的欲求，因此也無須制訂律法，所以說「道恒無名」。假如國家首領跟隨「道恒無名」的原則來治理國家，他們便也不會以律法控制人民。他們會以身作則，領導人民過樸實無華的生活，如是世界自然安定和平。

老子喜歡用「樸」，一塊沒有切割彫飾的木頭，代表完整、簡單而敦厚的美德。看來偉大的精神導師都是汲取同一智慧之泉。第十四世達賴喇嘛（丹增嘉措 1935－）也建議大家學習安定不動如木頭一樣。他說，「當攀緣心將起，或者開始對某人生氣，不要做任何事情：不要說話；不要思索——停頓下來像一塊木頭一樣」（When attachment is about to arise within you or you feel like getting angry with someone, do not do anything: Do not speak；do not think—remain like a piece of wood）。他還列舉了許多日常生活的情況，可以練習像一塊木頭般安定下來。[70] 由是觀之，老子的教誨確是歷久常新呢。

[70] 見 Tenzin Gyatso，*In My own Words: An Introduction to My Teachings and Philosophy*，p. 88.

德　經

38

上德不德，是以有德。下德不失德，是以無德。

上德無為而無以為也。上仁為之而無以為也。上義為之而有以為也。上禮為之而莫之應也，則攘臂而扔之。

故失道而後德，失德而後仁，失仁而後義，失義而後禮。

夫禮者，忠信之薄也，而亂之首也。前識者，道之華也，而愚之首也。是以大丈夫居其厚而不居其薄，居其實不居其華。故去彼取此。

品德高尚的人從不擔憂自己的德行，
　所以有美好的德行。
品德低下的人擔憂會失去德行，
　所以無美好的德行。[1]
品德高尚的人心靜無為，
　一切作為都沒有自私的意圖。[2]
上等仁行的人為仁愛動了心，
　一切作為也沒有自私的意圖。
上等義行的人為公義動了心，

---

1 「德」通「得」，可解作收獲、取得之意（參章 24【23】）。這首兩句也可以大約解讀為：「收獲高的人從不擔憂自己的收獲，所以有美好收獲。收獲低的人擔憂失去收獲，所以無美好收獲。」這個讀法較上面的翻譯含意更廣。 因為，美好德行也可以當作是一種收獲。 但本章主題是討論品德行為，故上面的翻譯已足夠。

2 《王弼老子》於「上德無為而無以為也」句後，多了句「下德為之而有以為」。但這附加句既不在《帛書老子》甲乙本，而下文的「上義」和「上禮」句已經可以釐清這附加句的文意，所以從略。

一切作為是有目標而發。
上等禮行的人為禮儀規範動了心，
若所作所為不獲回應，
便舉臂強人就範。[3]
因此，失去道之後才注重德行，[4]
失去德行之後才注重仁愛，
失去仁愛之後才注重公義，
失去公義之後才注重禮儀。
需要注重禮儀，表示忠信已式微，
表示悖亂已開始。
依賴預卜先知，只能辨別道的外表光澤，
只能產生愚昧。
所以有氣節的志士，
居守於道的深厚處而非其淺薄處，
居守於其真實根基而非其外表光澤。
他們放棄外表而選擇內裏。[5]

解 說

在第一部分「道經」裏，老子論述了「道」的玄妙、宏大、微小等德性，並解釋勤修「致虛守靜」可以幫助修行人體會到隱藏在內心深處的「道」。現在，在第二部分「德經」中，他專注於探討如何在各種不同環境中培養內心虛靜，以便體現「道」的美「德」。其教材資料的安排，方便

[3] 上仁、上義、上禮這三類人皆動了心而「為之」，與上德的人心靜「無為」相反。

[4] 參看章 18，「古大道廢，有仁義」。

[5] 放棄浮表文飾而選擇真實根基。這句「故去彼取此」亦見於章 12。

初入門的修行人士。讓他們先熟悉「道」的原則，然後才應用其原則於實際情況。

在「德經」的首章，老子先討論有關修養德行的一個微妙現象：那些從來不擔心自己是否有美好德行的人，都具有美好德行；那些總是擔心自己不具備美好德行的人，通常沒有美好的德行。相信大家都明白為什麼會有這種情況，那正是「堅持—抗拒」原則的效應，在章 24【23】已經詳細探討過。然而，原則只可以幫助我們看到事件的因果關係，並不能夠幫助獲得成果。倘若要真正具有良好美德，乃必須身體力行，常常保持心思虛靜——即老子說的「無為」，亦即一般人說的「清心寡欲」。

記得在章 18 曾談論過，遠古時代，人們隱約有「道」的意識，一般來說，人們只需按照敦厚樸實的原則來生活，便自然合乎「道」，不用擔心自己是否具備美德。當「古大道廢」之後，人們只能夠在自己心內察知「道」的指引。其中有少部份人，也許仍想以通過觀察自然界的特殊現象，或者利用占卜，來辨知「道」的諭示。可是，那類活動只能夠查察「道」的外表光澤，那些現象不再代表「道」的真正指引了。

失去「道」在外面世界的指引之後，漸漸地，社會有不同類型的人物出現。一些持守「無為」（致虛守靜）的人士，能夠遵循「道」在內心的指引。他們也像古人一樣，行為自然合乎道，自然具備美德。他們無須為自己的行為擔心。另一方面，那些沒有持守「無為」 的人士，也就是說，那些心思常讓欲求蠢動的人士，由於尚未能夠洞悉「道」在內的指引，常常憂慮自己的行為應該怎麼樣才能合乎「道」，因而漸次衍生出不同層次的理論學說：注重德行、注重仁愛、注重公義、注重禮儀規範等等。

這一章老子說明「無為」的重要性。正如在章 26 已經談及，其他文化傳統也教導實踐靜心。然而，唯獨老子創造了「無為」這個名詞以便於身體力行。可以這麼說，整部「德經」主要就是在討論實踐「無為」的方法和益處。

【德 經】

跟著後面的三章：39【41】、40【39】、41【40】，本書章號與《王弼老子》的章號相異，敬請留意。

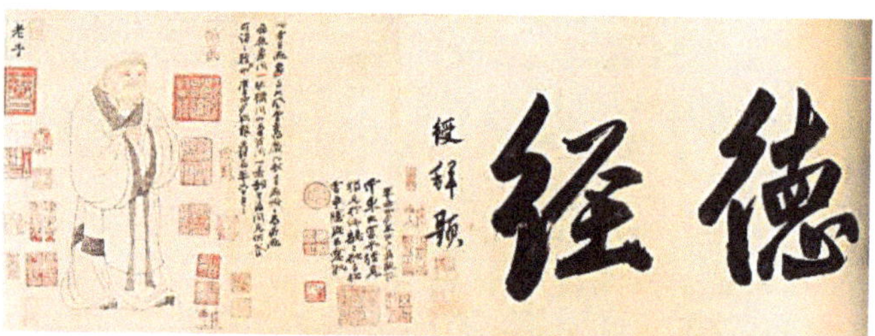

39【41】

上士聞道，勤能行之。中士聞道，若存若亡。下士聞道，大笑之。弗笑不足以為道。是以建言有之曰：明道如昧，進道如退，夷道如類。上德如谷，大白如辱，廣德如不足，建德如輸，質真如渝。 大方無隅。大器晚成，大音希聲，大象無形，道隱無名。夫唯道，善始且善成。

上等學道人士聽了道，常常用功練習。
中等學道人士聽了道，半信半疑。
下等學道人士聽了道，會哈哈大笑。
　若如不笑，便不足以其成為道了。
所以，自古便有這些格言：[6]
明辨了道卻仍像愚昧不明，
向道前進了卻像在退步，
在平坦道上卻像步履崎嶇。
上等美德猶如溪谷般低下，
最大榮寵猶如受辱，
寬厚的德性猶如不足，
建立好的德性猶如給搬走了，
純真的德性猶如變了有污點。
宏大的方形是看不到其棱角的，
偉大的器具很遲才能夠完成，
洪大的聲音聽不到其發響，

[6] 大部份格言的內容曾經在章 13、14、15、20、21、28、32 等處探討過。

【德 經】

巨大的形像是無可形狀的，

道是幽微精深卻沒有名稱。

但只有遵循道，才能夠事事善始善終。

解 說

為甚麼要閱讀《王弼老子》的章 41 先於其章 39 和 40 呢？首先，回顧序二中曾說，《帛書老子》和《王弼老子》在章節的編排上有些出入。《帛書老子》把《道德經》上下二部經倒置變成「德道經」，不過每部經內章節的編排，除了三處例外，與《王弼老子》則並沒有任何分別。《王弼老子》把經文順序地分為八十一章，並於每章前冠以其編號。《帛書老子》沒有把經文分章編號；為了方便，我們仍沿用《王弼老子》的章節編號來討論《老子》章節的編排問題。第一處例外出現在「道經」，本書調整章節時，把《王弼老子》的章節數字附加在本書章號旁為：22【24】、23【22】、24【23】。現在探討第二處例外。本處例外的癥結雖然在此章 41，但得把《王弼老子》的 38、39、40、41、42 這五個章節一起檢閱，才容易看出端倪。下表列出這五章編排的差異次序。

《王弼老子》	38、39、40、**41**、42
《帛書老子》	38、39、**41**、40、42
《老子與人智學》	38、**41**、39、40、42

很明顯，在《王弼老子》，這五章是順序編排。然而，在《帛書老子》，章 40 和 41 的次序顛倒了。再者，如果按照《帛書老子》的編排，現在應該閱讀章 39 而不是章 41。但是若分析這五篇文字的內容，當發現章 41 是關於學道和修道，所討論的主題與章 38 互相關連（詳見下文）。而章 39 則與章 40、42 主題相近：都是討論關於道體的屬性。因此，這五篇文字的次序，應該修改如本書所示才合情理。

猜想《老子》這五篇文字，本來就是如本書所提出的次序排放著。可能於某次編排整理《老子》簡書時，誤把章 41 和 39 互換了位置而變成如《帛書老子》所顯示的次序。後來，於整理《帛書老子》時，整理人員察覺章 41 隔開了主題相近的章 39 和 40，而把它移開，放到章 40 後面，遂變成《王弼老子》所示的次序。（ 此後，凡與本書相異的《王弼老子》章號，都附加上括號，以資識別。）所以，我們先閱讀章【41】，然後才閱讀章【39】。

《王弼老子》章【41】承章 38，談論「古大道廢」之後所衍生的問題。於章 38，老子指出有一小部份人有上德，而另外大部份人沒有；並且把那些沒有上德的人士分類。他更解釋「無為而無以為」是獲得上德的最佳方法。可以推斷，那時代，有不少人士都提起興趣學習修練「無為而無以為」的方法。

修練「無為」的目標是希望與道體合一。所以修行人士必須明白「道」的原則以便實踐。然而，學習「道」這樣深奧的學問，初學者可能會遭遇不少困難。例如：很難確定自己是已經通曉明白或還是在黑暗中摸索，在進步中或反而退步了，已踏入坦途抑或仍在崎嶇路上等等。修行人士，必須持之以恆，不可一曝十寒。其中一部份無法把握這門學問精妙處的初學者，可能認為這個「道」充滿矛盾，不值得花精神學習。因此，在他們「悟得」這個想法的頃刻，不期然哈哈大笑。

下等學道人士聽了道，會哈哈大笑的現象，根據人智學，是與人類四個原則成員（參附錄一）的運作有密切關連。施泰納解釋，人們會笑自己或別人，都是由於感覺自己高明，不屑於為一些環繞著自己的低下事物操心。這個感覺使四個成員中的「我」體自我意識膨脹，不再緊握共同合作的「星靈體」，於是星靈體隨之鬆弛。這內在精神的鬆弛現象，在外便顯示為物質體的微笑或大笑。施泰納說，當人們無法理解一個科目，希望乾脆不理會它的時候，便會建立一個心理屏障，遠離這個科目。通過這類遠離行為，「我」體的自我意識變得更加膨脹，遂使星靈體更加鬆弛，就不期然哈哈大笑。所以，笑是顯示人類在心理上，從不值一顧的東西裹解放了出來。[7] 從施泰納的解釋中，我們得知，下等學道人士哈哈大笑，變得輕鬆，乃基於他們的無知和自大！

[7] 見 Steiner, *The Being of Man and His Future Evolution*。

40【39】

昔之得一者，天得一以清，地得一以寧，神得一以靈，谷得一以盈，侯王得一以為天下正。其至也，謂：天毋已清將恐裂，地毋已寧將恐廢，神毋已靈將恐歇，谷毋已盈將恐竭，侯王毋已貴以高將恐蹶。故貴以賤為本，高以下為基。是以侯王自謂孤寡不穀，此其賤之本與，非也？故致譽無譽。是故不欲祿祿若玉，硌硌若石。

在古代，能夠達到完整一致者：
天達到完整一致而清明，
地達到完整一致而寧定，
神祇達到完整一致而靈活，
溪谷達到完整一致而盈滿，
侯王達到完整一致而當天下典範。
他們確實達到完整一致，否則的話：
天便不能夠清明還恐怕會崩裂，
地便不能夠安寧還恐怕會震毀，
神祇便不能夠靈活還恐怕會消失，
溪谷便不能夠盈滿還恐怕會乾竭，
侯王便不能夠高貴還恐怕會倒下。
因此，尊貴以卑賤為根本，
崇高以低微為基礎。
所以侯王稱呼自己為
孤、寡、不穀，
不就是表明以卑賤為根本嗎？豈不是嗎？
故過度的稱譽並非稱譽。

【德 經】

不要如光彩閃亮的美玉，

不要如硌硌作響的礫石。

解 說

這三個章節 40【39】、41【40】、42，應該當作一個單元來閱讀。因為它們有著互相關連的主題，都是討論道體的功能屬性。本章 40【39】討論其完整一統性，下一章 41【40】討論其運行和應用的性能，最後那一章 42 則討論其創造功能。

在本章，老子提到上古時候，天、地、神祇、溪谷、和侯王都達到道體的完整一致德性。因此他們分別顯示出清明、安寧、靈活、盈滿、和高貴等各自的純真本質。在維持這完整一致德性時，應該儘量避免執著於極端，而要「去甚，去大，去奢」（章 29）。假設天不顧整體合一，堅執於極端清明的話，它便可能會失去其清明本質而崩裂。到老子的年代（甚至在今天），幸好一切假想關於天、地、神祇、溪谷的惡劣情況都沒有發生，唯獨侯王例外。為甚麼會這麼樣呢？

從章 17 中，我們了解到，由上古時候到老子年代，侯王領導者的品德操守分四個階段逐漸下降，不能再充當人民的典範。據莊子（參《 莊子·外篇，胠箧第十》），自從黃帝[8] 時代（約公元前 3 千年）之後，道家傳統中所謂的侯王已經不復存在。究其因，實由於「古大道廢，有仁義」的緣故（章 18）。統治者變得私心重、欲求多，不再繼續維持道體完整一統的原則。他們設立獎罰法度而分化了民眾（章 32）。他們大概尚會依著傳統習慣，稱呼自己為「孤、寡、不穀」，自比如孤兒、寡人、或五穀不養者，但他們的作為已經背離大道甚遠了。

---

[8] 施泰納說，黃帝是天神路西法（Lucifer）的塵世化身，是「古代文化的啟發者」（the source of inspiration for much ancient culture）。見 Steiner, *The Influence of Lucifer and Ahriman*, p. 16。

筆者將不厭其詳，再三複述前說，老子並不是意圖挽回古代政制。他只是借用國家領袖的政務，來教導大家怎麼樣處理個人的事務，使之有條不紊。在章 25 裏，我們解釋「王」代表一個合乎理想，願意完成個人使命者，即俗稱的聖人君子。可以想像，自從「古大道廢」以後， 那些聖人君子只隱居於社會，與一般老百姓打成一片。他們默默地「行不言之教」，「功成而弗居」（章2）；他們以身作則去啟發人民朝向完整一致的理想來生活。

老子借用美玉和礫石來解釋實踐完整一致所應持的態度。大家都知道美玉光彩閃亮，很受人喜愛。擁有美玉的人或者會佩帶它們以顯高貴。在這裏，佩帶美玉，比喻解作誇功耀績。老子曾說過這類行為仿似招人討厭的「餘食贅行」（章 22【24】），他勸告大家應該避免。在本章他又比擬這類行為，相當於在步行時，踐踏到硌硌作響的礫石，同樣惹人厭惡，故亦應該避免。聖人謙遜不居功，即使懷有美玉，他們只會以粗衣褐布覆蓋（參章 72【70】），不會特意炫耀引人注目的。

【德經】

41【40】

反者，道之動。弱者，道之用。天下萬物生於有，有生於無。

返本還原是道體運行的方式。
柔弱空虛是道體使用的條件。
天下萬物是從有演化生成，
有是從無演化出來。

解說

在上一章，老子集中分析道體的完整一致性。本章只簡略地複述其運行和使用的原則。返本還原的運行原則已經在「道經」詳細討論過。其要點是「獨立而不改，周行而不殆，……大曰逝，逝曰遠，遠曰反」（章 25）。至於使用空虛的條件，在「道經」也曾多處說明白。例如：「道沖，而用之有不盈也」（章 4）。「故有之以為利，無之以為用」（章 11）。不過，在「德經」，老子將會藉著「無為」這個名詞，把使用空虛的微妙方法加以發揮。當然，他亦會再度講解柔弱條件的重要性（參例如章 78【76】、80【78】）。

雖然老子說：「天下萬物生於有，有生於無」，這並不意味著「無」的狀態顯現時，「有」的狀態還未存在。「有」和「無」是兩個不可切割分開的狀態。他們是「兩者同出，異名同謂」（章 1），是一個完整體。由於語言文字的局限性，只能先後分別描述。回顧在章 11，老子借用了輪轂，容器和房子來示範「有」與及「無」共存的現象。章 2 說得很清楚：「有無相生」；一方面「有」演化為「無」，另一方面「無」演化為「有」。其實，它們沒有先後之分。

42

道生一，一生二，二生三，三生萬物。萬物負陰而抱陽，沖氣以為和。人之所惡，唯孤寡不轂，而王公以自稱也。物或損之而益，或益之而損。人之所教，亦議而教人：強梁者不得其死。吾將以為學父。

道生一，
一生二，
二生三，
三生萬物。[9]
萬物背負陰氣而環抱陽氣，
　互相沖注以達到和諧。[10]
人們所厭惡的，
　就是會變作孤、寡、不轂，
而君王公侯卻以此稱呼自己。
所有事物，
　或者先虧損而後增益，
　或者先增益而後虧損。
前人之所教，
　我也決定用來教導他人：
　強橫暴力的人，不得好死。
我將用之為學習的指引。

---

9 有關道家的創世觀，請同參看章 25 和附錄二。

10 至於開始這段文字與太極圖（☯）的關係，請參看 Sit, *The Lord's Prayer*，pp. 20–21。

【德經】

解說

根據老子，道體周行不息而從不殆倦，「有」和「無」永遠共存互為一整體。這個整體在「有」的狀態下生成陰陽兩種功能，繼而產生平衡陰陽消長的第三種調和功能。這三種功能互相作用，或陰消陽長，或陽消陰長，而化生成萬物。從這裏我們可意味到「三」蘊含著「多」的意思。正如俗語有云：「兩個人是夥伴，三個人便是一群」。

老子說：「道生一，一生二，二生三，三生萬物」。事實上，在「有」的狀態下演化生成的一切能量和現象，在「無」的狀態中都已全部潛伏著。所以「道經」首章便說：「無，名萬物之始也；有，名萬物之母也」。一般人的知覺意識局限於物質世界的時間和空間，認為一連串發生的事情，必有先後之分。所以，在經文中用這個次序表達。不過，那些如老子般的聖人，其知覺意識可以體驗精神世界，清楚明白：道體超越時間和空間，囊括一切，始終如一。故古時稱「道」為「太一」，為一個無限大的整體。

在章 2，老子談論事物的兩種現象時，並沒有提到平衡兩者之間的第三個因素。在這裏，他解釋說，當有兩種能量出現，必然產生第三種能量令其互相作用，達至一個平衡局面。比如在時間上，平衡過去和未來的是「現在」；在三維空間內，平衡左右、上下、前後的是「這裏」。由此可知，「三」是道體的一個重要特徵。在《道德經》中，老子經常以三個章節來討論一個主題，也許正是為了標誌「道」的這個特徵。[11]

一切事物常循環於其兩端之間。這兩端本身沒有什麼內在價值。只因為人們的好惡，才附加上高貴或低賤的價值觀念。例如，許多人喜歡善良和榮耀，並且厭惡不善和羞辱。然而，古代君王公侯，卻並不介意採用眾人厭惡的如「孤家、寡人、乞丐」來自稱。因為他們的美德像水一般：「善

---

[11] 關於「三」這個概念的更多含義，請參附錄二，及 Sit，*The Lord's Prayer*，ch. 1。

利萬物而有靜，居眾之所惡」（章 8）。他們採用這些名稱，提醒自己必須謙卑，不可與人相爭。

雖然老子告訴我們，道體囊括一切，好與壞自然亦在內，但他勸告我們千萬不要使用強橫暴力。其理由是因為道體痛恨暴力嗎？應該不是吧。記得老子曾說，「天地不仁」（章 5），天地依循道體的法則運作，不以感情用事，由此可知道體並不痛恨暴力。那麼，為何老子如此鄭重的說，要將那句銘語：「強梁者不得其死」作為學習的指引呢？相信其理由乃是因為「反者，道之動」（章 41）。任何事物都會返回其根源，強橫暴力當然也不例外。（有關返回根源，請參閱章 25：「大曰逝，逝曰遠，遠曰反」的討論。）所以，自種惡因，自食其惡果，多麼痛苦。

大多數人之所以看不到暴力返回到其根源，乃是因為他們無法預知，現在的行為將會在遙遠的未來，發生什麼樣的後果。由於現階段人類知覺意識偏向於研究理解物質世界，而忽視精神世界，很多人都不理解，甚至不相信輪迴果報的真實性。施泰納說，人類將逐步發展形成一種新的知覺意識，有助於了解因果報應的法則。他說自二十紀開始，社會上漸漸會越來越多人具有這樣的意識：當他們做了一件事情，然後受良心譴責的話，他們會依稀見到這件事帶來的果報，像一個夢境般出現眼前。他們意識到自己將來會親身經驗這個夢境。[12] 然而，我們並不需要等待這種新的知覺意識形成之後，才聽從這句銘語的教誨：「強梁者不得其死」。記住，千萬不要做強橫暴力的事情啊！

---

[12] 參 Steiner，*Conscience and Astonishment As Indications of Spiritual Vision in Past and Future*，1912.2.3 的演講，GA 143。欲了解更多關於業報輪迴這議題，請參閱 Steiner，*Theosophy*，章 2：Destiny and the Reincarnation of the Spirit.

43

天下之至柔，馳騁於天下之至堅。無有入於無間，吾是以知無為之有益也。不言之教，無為之益，天下希能及之矣。

世界上最柔弱的東西，
可以在世界上最堅強的東西上面奔馳。
無物的狀況，
可以進入遍布於無間隙的環境內，
由此，我們明白無為的益處。
不立文字的教誨，
無為的益處，
世界上沒有任何方法比得上它們的了。[13]

解說

自本章 43 至章 48，在這六篇經文內，老子正式開始探討「無為」這個主題。他曾經在章 2 和章 38 中提過「無為」這個名詞，但並沒有加以詳細解釋。在這裏，他用一些明顯的現象來帶引出這個主題。他首先說世界上最柔弱的東西，可以在世界上最堅強的東西上面奔馳。例如水可以在硬石上奔流。接著他便以「無有入於無間」的現象來解釋「無為」的益處。

大家都知道在密無間隙的環境內，是沒有任何東西可以進入的。可是如果把「沒有任何東西」看作是一個「無物的狀況」，那麼便可以反轉過來說：無物的狀況進入了，而且遍布於密無間隙的環境內 ——即是「無有入於無間」。從

[13] 参章 2：「是以聖人處無為之事，行不言之教。」

這反轉的觀點出發，可以推想當「無」（無物的狀況）在「為」（行動作為）時，其氣勢是何等銳不可擋，甚至連密無間隙的環境，也可以進入遍布。因此，老子創造了「無為」這個名詞。他認為，如果人們都模擬「無」的精神來處理事務，那麼便可以非常有效地把事情完成。粗略地說，「無為」就是讓「無」的精神指引我們的作「為」。在隨後的五章（44－48）經文裏，老子將解釋為甚麼需要培養「無為」的辦事態度，然後在「德經」餘下的篇幅裏，舉出各種例子來示範說明實踐「無為」的竅門和益處。

有些人把「無為」解作「沒有作為」，即什麼事也不做。這只是字面上的解釋，並非老子使用這個名詞的真正含義。在章節 2 和 38 中已指出這個辭語是關於內在的心態多於外表的行為，它的重點是突顯內心達到空無一物的境界。若偶爾使用它來描述外表行為的話，它指的是處理事務時不小題大作瞎忙的態度（見例如，章 64）。

姑且把「無為」這個辭顛倒過來變作「為無」，並跟隨老子的觀念去探索其含義與「無為」的關係。「為無」當可理解為：在辦事作「為」時，心「無」別念。意即在辦事時不私心自用，不為事情結果而擔憂。換句話說，只一心一意完全專注於當前的任務，無其他雜念騷擾。當實踐「為無」時，心思的狀態猶如颶風的風眼，完全平靜，但卻強而有力地前進。因此，「為無」和「無為」，就像是一枚硬幣的兩面，都在強調以寂靜安詳的心態去處理事務。

在後面的章 48，老子創作另一個叫「無事」的名詞，其基本意思就是「為無」。由是，「無為」和「無事」都是指辦事時心思平靜，專注於手頭上的工作。為了強調這一個理想的辦事方法，老子還特別為另外一些活動創作了類似的名詞，如「無味」、「無行」、「無臂」、「無兵」等等（見章 63、71【69】）。

44

名與身孰親？身與貨孰多？得與亡孰病？甚愛必大費，多藏必厚亡。故知足不辱，知止不殆，可以長久。

名聲與身體，哪樣更親切呢？
身體與財富，哪樣更珍貴呢？
得到與損失，哪樣更困擾呢？[14]
貪得無厭必然大量消耗精神，
囤積財物必然招引巨大損失。
因此，知道滿足可以避免恥辱，
知道停止追名逐利可以避免危險，
如是，便可以長久安全。

解 說

在本章，老子重複講述，如果為人處世趨向極端過甚的話，將會產生不良後果。他雖然已在前面多個章節，例如 9、29、39 等討論過這個主題，但在這裏，他仍然不憚其煩地舉例說明。可以推斷，這個主題是多麼重要，必須從很多不同的角度詳加分析。

當我們辦事並與他人交往、合作時，通常會得到一些酬勞，逐漸享有名聲。此刻，倘若不謹慎，便容易得意忘形，甚至會喪失自我。這時必須小心，不被貪婪牽著走。我們不禁會問，為什麼有些人能夠知道滿足，安於其位，而有些人則不能呢？在這裏，老子沒有提供答案，但閱讀跟著的幾篇經文之後，我們便會很清楚地理解到問題的癥結所在。

---

[14] 關於這三類情況，可以參看章 13 內有關寵與辱的討論。

45

大成若缺，其用不弊。大盈若沖，其用不窮。大直若屈，大巧若拙， 大辯若訥。躁勝寒，靜勝熱，清靜可以為天下正。

最大的成就仿似有缺陷，
　但使用時是無弊病的。
最大的滿盈仿似虛空，
　卻是用之不盡的。[15]
最大的正直仿似彎曲，
最大的技巧仿似笨拙，
最大的辯才仿似木訥。

急躁可以破壞清空的心境，
平靜可以克制興奮發熱，[16]
清空平靜可以使世界安定。

---

[15] 參看章 4：「道沖，而用之有不盈也。」

[16] 近人陳恨水建議把「躁勝寒，靜勝熱」 句更改為「靜勝躁，寒勝熱」。他說「靜勝躁」既合乎老子的一貫主張，如章 26 說「靜為躁君」，亦符合古人常以「靜」對「躁」的用法。他還解釋其所建議的下句「寒勝熱」與上句「靜勝躁」是詞異意同，益彰文理（見《老子讀本》，頁 68 ）。不過，本人覺得原文並沒有矛盾，兼且老子一向喜歡採用多方面的觀點來引申同一道理，故敝書仍用原文。

解說

在上一章老子說，過度的追名逐利會帶來耻辱和危險，並指出若果能夠知道滿足，適時停止這類活動的話，危險是可以避免的。可是有些人，雖然懂得這個道理，內心卻無法感到滿足，不願意停止這類活動。也許那些人從來沒有嘗試過靜心。他們不知道，平靜的心境可以幫助他們安定守中，避免過份的欲求。

在章 15，我們認識到，上古道教大師的儀容是：猶豫不決、小心謹慎、恭敬莊重、舒坦鬆緩、敦厚純真、廣闊空曠、混沌模糊。由於他們的修養是那麼高深奧妙，他們的行為或許會令人費解。因為即使他們已經取得最大的成就、最大的滿盈、最大的正直、最大的技巧、最大的辯才，他們猶仿似有缺陷、虛空、彎曲、笨拙、木訥。事實上，他們的作為乃是他們謙卑情操的自然表現。他們知足不多欲求，不需要「祿祿若玉，硌硌若石」（章 39）。還有，他們也不遠離群眾，不會拒人於門外，時常樂意教導別人（章 27）。他們讓大眾明白，切莫急躁，以免失去自我控制。應該緊記，做人處世的正確方法是保持平靜清空的心境，亦即一般人說的「清心寡欲」。

46

天下有道，卻走馬以糞。天下無道，戎馬生於郊。罪莫大於可欲，禍莫大於不知足，咎莫大於欲得。故知足之足，恒足矣。

假若世人都守道，
　那麼，奔馳快馬便可以用來耕作施肥。
假若世人都不守道，
　則要在郊野培育繁殖戰馬。
沒有罪惡大於過多欲求，
沒有禍害大於不知道滿足，
沒有災難大於貪得無厭。
所以，知道滿足，
　便自然恒常覺得充足了。[17]

解說

不知道滿足，貪得無厭，只會帶來不幸和引發災害，例如戰爭。老子指出，引發戰爭的禍端乃是由於人類貪婪和不知足。那麼，培養平靜的道心，以減少欲求，克制貪念，豈不是萬分迫切呢？

老子說，太平時候使用馬匹來耕作，而戰爭時期則要繁殖更多馬匹去作戰。在古代，這應是十分普遍的事情。可是，他所描寫的這兩個情況，還具有另外更深遠的比興意

---

[17] 參章 33：「知足者，富也」。又原文有三個「足」字，若全都採用，則可以翻譯如下：「所以，知道滿足，即等同富足，便自然恒常覺得充足了。」

義。戰爭與和平可代表我們的一種心態，馬匹則象徵著我們的欲求。

若願意培養平靜的道心，克制貪婪和不知足的念頭，那麼，便不會心似平原走馬。於是，那些原本宛如快馬奔馳的欲求便安定了下來。那些動念欲求的能量因而轉化為有用的精神力量，有助於克制將來的欲求。換句話說，守道時可以把貪欲從宛似發足狂奔的快馬，變作耕耘心靈的良駒。但是，若不守道，不嘗試平靜心思，不去克制不知足的貪婪念頭，那麼，欲求便會不斷滋生，猶如心田的偏遠處也繁殖了如戰馬似的欲求，人便會變得越來越貪得無厭，以至永不知足了。那時，各式各類的欲求互相角力，內心真如萬馬奔騰在交戰呢。

一般普通市民，貪婪可能只導致個人的悲慘下場；然而，那些大機構的主管或國家元首，其貪婪則會給很多人帶來不幸的災難了。所以，知道滿足，是多麼重要啊！

47

不出戶，知天下。不窺牖，見天道。其出彌遠，其知彌少。是以聖人不行而知，不見而名，不為而成。

不用走出戶外，
也能推知世事的變化。
不用向窗外看，
也能理解天道的原則。
出外走得越遠，所知越少。[18]
所以，聖人不用藉著遠行而知，
不用看也說出欲求的名稱，
不胡作妄為而辦事成功。[19]

解說

老子告訴我們，先賢是從自己內心，而不是從外面世界來明白察知道體的指引。如果我們願意倣效聖人，清心寡欲，那麼我們便容易感到滿足，自然「去彼取此」，修心養性（章 12）。

---

[18] 所知有關修道的原則越少。

[19] 道體是無私和完全沒有欲求的，所以「道恒無名」（參章 32、34）。但人類卻充滿私欲。根據老子，每一個欲求都可以冠上一個名號。至於聖人則不待私欲出現，便能夠說出那些私欲的名稱，並且克制化解了它們（關於化解欲求的方法，可以參章 60）。所以，他們能夠不胡作妄為而辦事成功。

48

為學日益，聞道日損，損之又損，以至於無為。無為而無不為。將欲取天下，恆無事。及其有事，不足以取天下。

學習知識會日漸增廣見聞，
聽道修養會日漸減少私欲，
不斷地減少，至到無私欲胡亂作為。
當無私欲胡亂作為，便無事辦不成功。[20]
處理世間事務，[21] 應該恆常無私地去做。
若有私欲去辦事，便不能把事情辦得完美。

解說

本章總結章 43 至 47 的議論。老子解釋說，聽道修養對一個人精神氣質上的影響，遠超過於學習知識。修道人會逐漸減少他們貪婪的私欲，不會再為名利而動心。「無為」就是指這不動心的狀態。如果內在心思處於「無為」狀態，那麼辦理外間事務時，便不會被私欲影響，自然把事情辦得完美。這種辦事態度稱作「無事」（參章 43）。

實踐「無為」可以幫助那些只有下德的人慢慢演變轉化，成為有上德的人。因為他們專注於安靜那些欲求亂動的心思，終於訓練到靜如止水般的心境，不會再為自己的德行擔憂，那麼，一切德行自然美好（參章 38）。自這章以後，老子將會繼續討論如何應用「無為」於日常生活中，有條不紊地引領修道人達至上德。

---

[20] 推斷《王弼老子》章 37「道常無為而無不為」句，乃本於此「無為而無不為」句而來。

[21] 有謂「取天下」可以解作「贏取得世界」。不過贏取得世界也是一件世間事務而已。故上文的翻譯亦涵蓋了這個觀點。

49

聖人恆無心，以百姓之心為心。善者善之，不善者亦善之，德善也。信者信之，不信者亦信之，德信也。聖人之在天下也，歙歙焉，為天下渾心，百姓皆屬耳目焉，聖人皆孩之。

聖人完全沒有私心，
以人民的心願作自己的心願。
友善地對待善良的人，
　亦友善地對待不善良的人，
　真正篤行善良的美德。
誠信地對待信實的人，
　亦誠信地對待不信實的人，
　真正篤行信實的美德。
聖人在這個世界上，
　和洽地，與世界混合同心，
所有人民都連接著聖人的耳目，
聖人像孩子那樣接收訊息。

解 說

聖人減少私欲，是已經達到完全沒有機心的修道人。他們自然關愛世界，把大眾的心願當作自己的心願。一般人都喜歡獲得友善與及誠信的待遇。因此，聖人不分彼此，總是以和善與誠信對待所有人。還有，人們不僅不喜歡被懷疑，他們更不喜歡被欺騙。因此，聖人從不欺騙任何人，必定以誠信待人。

【德經】

聖人和洽地與世界混合同心，以便協助世人。老子比喻這情況：所有老百姓都好像與聖人的耳朵和眼睛連接了起來。不過，聖人像純真的孩子一樣，只是使用耳目去了解他們周圍的環境，沒有意欲控制和擁有這個世界。他們是「生之、畜之，生而弗有，長而弗宰」，實現「玄德」的至人（參章 10）。

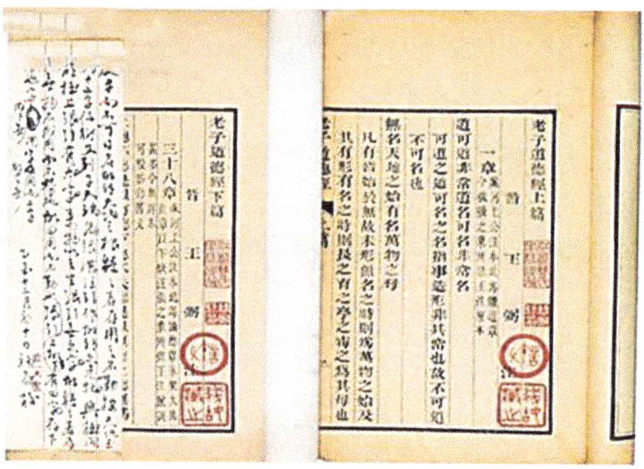
老子道德經上篇
晉 王弼 注
一章
道可道非常道名可名非常名
可道之道可名之名指事造形非其常也故不可道不可名也
無名天地之始有名萬物之母
凡有皆始於無故未形無名之時則為萬物之始及其有形有名之時則長之育之亭之毒之為其母也

老子道德經下篇
晉 王弼 注
三十八章

50

出生入死。生之徒十有三，死之徒十有三，而民生動皆之死地，亦十有三。夫何故也？以其生生。蓋聞善執生者，陵行不避兕虎，入軍不被兵革。兕無所投其角，虎無所錯其爪，兵無所容其刃，夫何故也？以其無死地焉。

生命，始於出生，終於死亡。
出生時，
　身體有十三項官能伴隨著，[22]
死亡時，
　身體有十三項官能伴隨著，
而活著時，
　一切會導致死亡的活動，
　亦是因為這十三項官能。
是甚麼緣故呢？
　是由於活著時，
　奉養太過度了。
可曾聽聞過，善於養生的人，
　上山旅行，不需要躲避犀牛和老虎，
　行軍作戰，不需要被戴盔甲。
犀牛用角牴撞，卻無法傷害他們，
老虎用爪撲擊，卻無法傷害他們，
士兵揮動鋒刃，卻無法傷害他們。
是甚麼緣故呢？
是由於他們沒有致命的弱點啊！

---

[22]「十有三」可以解作十中有三，亦可以解作十三之數。在此，選用後者。十三代表身體的四肢九竅。

解說

當聖人與世界混合同心，顯然察知人類喜歡健康長壽。因此，這一章跟著討論延年益壽的實際方法。關於長生在精神上的意義，則請參閱章 7 和 33。

當人出生時，身體擁有十三項官能伴隨，讓人們一生任意使用。何以這些身體官能的活動，會導致人們從充滿生命活力到沒有生氣的死地呢？根據老子，乃是由於人們奉養太過度，嗜欲太深。很多人用這些身體官能過度地吃、喝、玩、樂，有的甚至抽煙、吸毒等。他們任性地奴役使用這些官能，而不知道愛惜。他們又怎麼能夠健康長壽呢！

實際上，許多物質誘惑，只能夠帶給人們官感上短暫的快樂和滿足。老子譬喻它們無異於隨時會傷害人的犀牛、老虎、鋒刃。聖人不再受物質誘惑。他們不會沉迷於五色、五音、五味，也不會追求難得之貨（章 12）。所以，聖人沒有致命的弱點，能夠保持健康長壽。

51

道生之而德畜之，物形之而器成之。是以萬物尊道而貴德。道之尊也，德之貴也，夫莫之爵，而恆自然也。道生之畜之，長之育之，亭之毒之，養之覆之。生而弗有，為而弗恃，長而弗宰，是謂玄德。

道化生萬物，
　德畜養萬物，
　萬物發展形狀，
　而成為完整的東西。
所以萬物尊敬道，而珍重德。
道與德受崇敬尊重，
　並非因為封給人爵位，
　乃是因為永遠讓萬物順其自然。
道化生畜養萬物，
　滋長培育萬物，
　使萬物成熟結果，
　使萬物受照顧保護。
化生而不佔有，[23]
作為而不驕傲，
長育而不主宰，
這就是玄德。

---

[23] 此四句描寫聖人的德行。其意思與章 10：「生之、畜之，生而弗有，長而弗宰。是謂玄德」相近。

解說

聖人實踐「無為」，心思寧靜如深淵止水的境界（參看章 8），不受物質引誘，沒有私欲機心，而只關懷老百姓的福祉。他們自然與道體融合如一，而實現「玄德」。

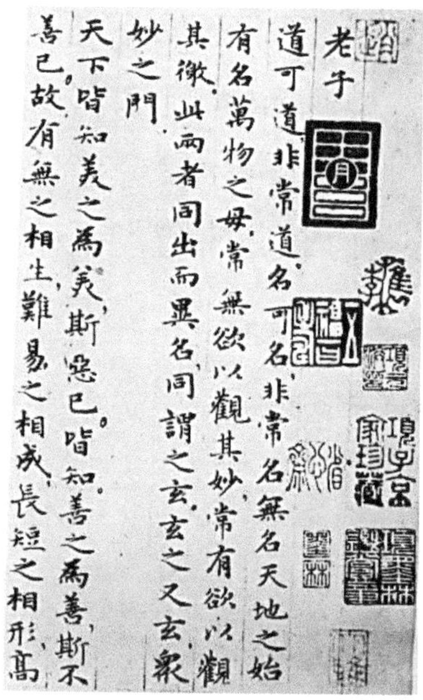
老子
道可道非常道名可名非常名無名天地之始
有名萬物之母常無欲以觀其妙常有欲以觀
其徼此兩者同出而異名同謂之玄玄之又玄衆
妙之門
天下皆知美之為美斯惡已皆知善之為善斯不
善已故有無之相生難易之相成長短之相形高

52

天下有始，以為天下母。既得其母，以知其子。既知其子，復守其母，沒身不殆。塞其兌，閉其門，終身不勤。啟其兌，濟其事，終身不救。見小曰明，守柔曰強。用其光，復歸其明，無遺身殃，是謂襲常。

世界萬物有個本源，
　可以看作是萬物的母親。
既然得知有個母親，
　便可以認識她的孩子萬物。
倘若認識萬物，
　又復持守這個本源，
　終生便不會有危險。
填塞孔穴，關上門口，[24]
　終生不用憂慮勞苦。
開啟孔穴，生事妄為，
　終生都不可救治。
令欲求小之又小，便會心思清明，[25]
保持溫柔婉約，便會有堅忍耐力。
用內光，回復本來清明心思，[26]
　便不會災禍及身。
這就叫做熟習常道了。[27]

---

[24] 孔穴、門口代表感覺器官。封閉它們，意即不受外物引誘。

[25] 参章 34：「則恒無欲也，可名於小」。心思不被欲求打擾，自然清空明晰。

[26] 內光即寂靜無欲的心思。

[27] 参章 16：「復命常也，知常明也。不知常妄，妄作，凶。」

解說

不論進修學習甚麼東西，學習者必須用功勤習，否則多優秀的老師也無濟於事，不會有好成績。當然修道也不例外（參章 41）。故此，立志修道者必須依從老子教導，時常修練「無為」。

在這裏，老子提供實用的修道方法。我們已經知悉道體創造了世界，萬物只是它表現出來的形象而已（章 42 和 51）。因此，我們可以把道體當作母親，而把萬物當作它所出的孩子。如果我們覺得這個母親（道體）看不見，聽不到，摸不著，太模糊而難以辨別清楚（章 14），那麼我們可以先從理解它的孩子（萬物）入手，以便認識隱蔽著的母親。[28] 即是藉著母子關係，從認識萬物而認識道體。一旦我們能夠完全與道體融合如一，那麼即使如犀牛、老虎、兵刃等殺傷力巨大的猛獸和利器，都無法傷害到我們（章 50），還會有什麼危險呢？

修道是一種內在的鍛煉。應記住，感覺器官只是方便認知孩子（萬物），而目標是跟隨母親（道體）。如果在內修時，我們受外界影響而分心，我們又怎麼能夠安靜呢？外界的影響就像犀牛，老虎和兵刃般危險。因此，必須時常隔離外界的影響。當能夠控制欲求小到如無，心思自然變得清空明晰，達到所謂「內光」的境界 ——與佛教《心經》所說

[28] 施泰納，亦持類似的觀點。他說：「一切可以觀察的礦物，植物，動物，和人類，一切可以在人的感覺器官，智力和理解力上，留下印象的東西──所有這些東西都只不過是精神的標誌符號而已；唯有學會如何解讀這些符號，才領悟到精神真相」（"Everything to be seen in the kingdoms of mineral, plant, animal, and in the physical human kingdom, everything that makes an impression upon the sense organs, upon intellect and intelligence—all these things are nothing but symbols of the spirit; and only one who learns how to interpret these symbols reaches the reality, the spirit,"（《靈魂的日曆 *Calendar of the Soul*》，這個講座討論他的一本著作，著作名稱與講座名稱相同）。

「行深般若般若蜜多時，照見五蘊皆空」的境界相近 。此後自然會培養到溫柔婉約的性情，發展堅強的忍耐力，不會輕舉妄動以至傷身害命。所以勤習「無為」，可以明心見性，歸真返樸。

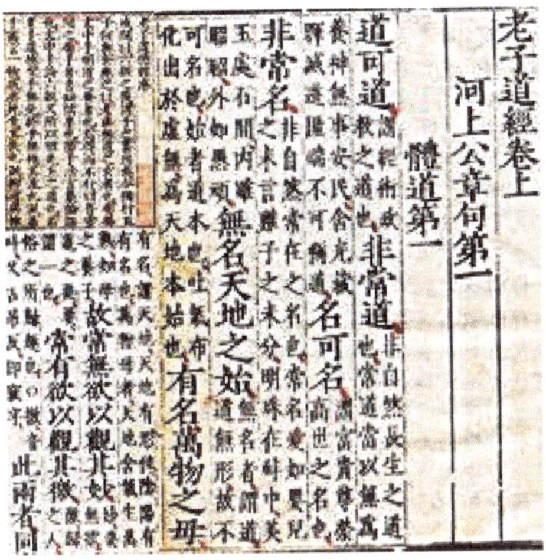

老子道經卷上

河上公章句第一

體道第一

道可道，謂經術政教之道也。非常道，非自然長生之道也。常道當以無為養神，無事安民，含光藏暉，滅跡匿端，不可稱道。名可名，謂富貴尊榮，高世之名也。非常名，非自然常在之名也。常名當如嬰兒之未言，雞子之未分，明珠在蚌中，美玉處石間，內雖昭昭，外如愚頑。無名天地之始，無名者謂道，道無形，故不可名也。始者道本也，吐氣布化，出於虛無，為天地本始也。有名萬物之母，有名謂天地，天地有形位陰陽有……故常無欲以觀其妙……常有欲以觀其徼……此兩者同

53

使我介然有知，行於大道，唯迤是畏。大道甚夷，民甚好徑。朝甚除，田甚蕪，倉甚虛，服文采，帶利劍，厭飲食，貨財有餘，是謂盜夸，非道也哉！

假使我確切知道，
　自己在大道上行走，
　唯一擔心的是會誤入歧途。
大道非常安全平坦，
　無奈人民喜歡抄小徑。
他們修建豪華的官府宅邸，[29]
　卻讓田園荒廢，亂草叢生，
　倉廩快將空無穀物了。
他們穿戴色彩絢麗的服飾，
　佩帶鋒利的寶劍，
　飽飲足食，
　斂財多至用不完，
完全是大盜作為，
　絕對不是行走在大道上。

解說

在章一中，老子語帶雙關地表示，可以講論或行走的道，不是永恆的道。在這裏，他仍然語帶雙關，但這次卻把永恆的道當作可以行走的人生大道。

[29] 此句至結尾的文字，描述抄小徑者的典型作為。

在人生大道上行走，最擔心的是誤入歧途。所以，一個人需要夕惕若厲，時常抱著猶如走崎嶇山路般的心態。許多統治者可能從來沒有刻意去認知這條人生大道，更不用說擔心誤入歧途了。他們只是想利用自己的權位竊取大眾的利益。此正盜寇也！

54

善建者不拔，善抱者不脫，子孫以祭祀不輟。修之於身，其德乃真。修之於家，其德有餘。修之於鄉，其德乃長。修之於邦，其德乃豐。修之於天下，其德乃普。故以身觀身，以家觀家，以鄉觀鄉，以邦觀邦，以天下觀天下。吾何以知天下之然哉？以此。

已經確立了的德，不可以拔除，
堅定維護著的德，不可能脫掉，[30]
若子孫繼續立德和護德，
　宗廟祭祀便不會斷絕。
倘若個人自身修養，個人的德就會真樸。
倘若家族共同修養，家族的德就有餘慶。
倘若鄉里共同修養，鄉里的德就會長遠。
倘若邦國共同修養，邦國的德就會豐厚。
倘若世界共同修養，世界的德就會普遍。

因此，以真樸的身德來觀察自己，
以餘慶的家德來觀察家族，
以長遠的鄉德來觀察鄉里，
以豐厚的邦德來觀察邦國，
以普世的至德來觀察整個世界。
我們怎樣知道世界的情況呢？
就是通過這樣的觀察得知。

---

[30] 德的建立和維護，仗賴修道而來。詳情請參解說。

解 說

在章 53，老子解釋說，當統治者不依道行事，他們的作為就會像盜寇般聚歛財富，使國庫空虛。可是如果每個人都知道恒德（亦稱至德，即最大的美德），是完全遵循道而建立的——「孔德之容，惟道是從」（章 21）——那麼情況將是大大的不同了。（關於恒德的修持方法，請參看章 28。）本章的主旨是鼓勵大家修道。雖然老子沒有直接提到「道」這個名稱，不過字裏行間都充滿著修道的信息。

在章 24【23】，老子說，即使天地也不能令狂風吹整個早上或暴雨下一整天。那麼是什麼「東西」有此能耐：令確立了的德，不可以拔除；使維護著的德，不可能脫掉？答案顯而易見；如果不是「道」，還可以是什麼呢？「道」可以幫助每個修行人「復歸於樸」，返本歸真。假若一個家族中有十個人勤於修道，則不僅每個人獲得其自身的至德。由於他們的至德能量相輔相成，故每個人的至德都因為他人的加持而增長了十倍活力。故此，整體來說，那十個人的修練，會為這個家族總共帶來了十乘十倍，即一百倍的至德能量。試想，如果一個家族的成年人都學道修行，那麼，這個家族的至德活力將會是何等深厚有餘。所以說，「修之於家，其德有餘。」

根據老子，至德能量相輔相成的作用，不僅通行於家族，推而廣之，亦通行於鄉里，其德乃長；邦國，其德乃豐；甚至世界，其德乃普。倘若世界上有足夠的公民努力修道立德，則至德將普及整個世界。事實上，老子的理論並非空想。且以現在（2017 年）世界人口大略為 75 億計算。那麼，只需要有大約八萬七千人勤奮修道，便可以讓恒德能量遍及整個世界；因為八萬七千乘八萬七千倍的恒德能量，便已經超過 75 億了，當然可以普及全人類。若以比例來說，即平均每一百萬人中，只需要有不少於十二個人勤奮修道以實踐「無為」，那麼，世界大同界，便指日可待了。

55

含德之厚者，比於赤子。毒虫不螫，猛獸不據，攫鳥不搏。骨筋弱柔而握固。未知牝牡之會而朘作，精之至也。終日號而不嗄，和之至也。知和曰常，知常曰明。益生曰祥，心使氣曰強。物壯即老，謂之不道，不道早已。

充滿至德的人，
可比擬於初生嬰兒。
毒虫不可以刺咬傷害，
猛獸不可以爪抓傷害，
鷙鳥不可以搏擊傷害。
骨筋雖然柔弱，但握拳牢固。
未知男女房事，而生殖器勃起，
　因為元氣充足的緣故。
整天號哭，而不會失聲，
　因為氣和順暢的緣故。
能夠氣和順暢表示遵循常規，
遵循常規表示明白事理。[31]
貪求生活享受是凶險的，
用心思控制行氣是牽強的。
萬物太過壯大，便會衰老，[32]
　就是不合乎守中之道，
不合於中道的事情，
　應該及早停止。

---

[31] 參看章 16：「復命常也，知常明也」及章 52：「見小曰明」。
[32] 有謂「物壯即老，謂之不道，不道早已。」乃章 30 之錯簡。

解說

如果人們都像聖人般致力於修道，便可以確立活力充沛的至德，生氣蓬勃到有如初生嬰兒。初生嬰兒天真爛漫，毫無機心，與大自然融洽共存。故此，那些毒虫、猛獸和鷙鳥等都不會傷害牠們。老子比喻物質誘惑好似那些動物，牠們當然不能傷害純真樸實，如初生嬰兒般，沒有巧智機心的至德聖人。

在章 50，老子解釋，若人們沉溺於使用身體的十三項官能來過度享受，便容易被那些猶如犀牛、老虎、兵刃的物質誘惑導致死亡。在這裏，他指出，另外的一些人，想通過調節呼吸，控制行氣來延長壽命，亦可能會有加速死亡的相反效果。這觀點或許可以解釋為何一般教導靜坐禪修的練習，都只建議觀察呼吸，作為安靜心思的一種手段，卻從不提倡刻意去控制呼吸。

道家傳統認為，通過某些特殊行氣練習，身體狀況確實可以回復到像嬰兒般，達到長生不老，成為仙人。然而，在這一章，以及另外諸篇章中（如 10、16、50、59 等），老子僅提供概括的理論而不給予具體細節。我們必須明白，細節只能由老師親身面授。因為老師必須確定學生宅心仁厚，才會教導。據說，道教祖師呂洞賓需要經過十次考驗，才可以正式成為道家大仙漢鐘離的學生呢。

在章 10，老子說：「專氣致柔，能如嬰兒乎？」我們曾討論呼吸柔順與心思平靜的表裏關係。嬰兒呼吸柔順是先天自然的，但至德人士呼吸柔順是後天培養的。培養的目的不是延長壽命，而是除卻私欲，體現自我，與道體合一。理論上，老子已經清楚說明練習方向，那就是「聞道日損，損之又損，以至於無為」（章 48）。當心思再沒有自私自利的欲求，像戰馬般四處狂奔的話，呼吸氣息自然和諧柔順如嬰兒一樣了。

56

知者不言，言者不知。塞其兌，閉其門，和其光，同其塵，挫其銳，解其紛，是謂玄同。故不可得而親，亦不可得而疏；不可得而利，亦不可得而害；不可得而貴，亦不可得而賤。故為天下貴。

有真知灼見的人不會高談闊論，
高談闊論的人未必有真知灼見。
填塞孔穴，關上門口；[33]
柔和烈光，混同塵埃；
挫鈍銳氣，和解糾紛。[34]
做到這種境界，便稱作玄同。
因此，他們不會有親疏之別；
　不會有利害之爭；
　不會有貴賤之分。
所以，他們是世界上最受敬重的。

解說

與章 54 一樣，這章是討論修道的方法，但卻沒有直接提到「道」這個名稱。道體是如此深奧玄妙，人們的語言文字不可能說清楚它廣大無窮盡的德性。不管說了多少，總還會有些遺漏了。很可能基於這個原因，那些有真知灼見的「得道」人士寧願保持沉默。至於，那些高談闊論的人士，

[33]「塞其兌，閉其門」句亦在章 52，請參該章注 24 的解釋 。
[34]「和其光，同其塵，挫其銳，解其紛」四句亦在章 4，不過次序稍異。

也許尚未真正明白道體的玄妙，希望藉著談論以幫助加深了解吧。

暫且一談與「知者不言，言者不知」有關的趣聞。唐代著名詩人白居易（772－846）因這兩句話，作了一首諧謔老子的七言絕句：

言者不如知者默，
此語吾聞於老君。
若道老君是知者，
緣何自著五千文？[35]

姑且假設，有人詢問老子對此詩的意見。可以想像老子會有甚麼樣的反應嗎？他會否為這首詩介懷而不理睬這位好事者呢？愚見認為他老人家絕對不會介懷，並且為了不拂逆這位來詢問的人士，他可能會和氣地回答：「其言可，吾道以道而已」（詩人喜歡怎麼樣說都可以，我只是報告修道的情形吧了）。

其實，本章開首那兩句話，只不過是指出修道的一個有趣情形，並不表示有一條規律，命令那些真正「得道」的人士不許言說討論。正如前說，那些真正了解了解道體的人，知道語言文字無法把道體說得一清二楚。故此在普通情況下，他們都保持沉默。可是在特殊形勢下，他們是會宣講，甚至書之於筆墨的。老子正處於一個特殊的歷史時刻，他肩負了傳承道教的重責，所以他「自著五千文」來講解道體的大義（請參看序一及章18）。其實「道」這麼深奧玄妙，確非筆墨所能形容。老子只不過是指出一個方向，一條路徑，讓修道者自己去逐漸領略體會而已。

修道亦即是練習「玄同」，實踐內外一切融合混和。所謂「玄同」，的確十分奧妙。因為一方面，修道人的意識完

[35] 大意是：高談闊論的人比不上沉默而有真知灼見的人，這話是從老子那裏聽來的。若果說老子具有真知灼見，為甚麼他著作了五千字的《道德經》呢？

全進入內心深處，不讓外物藉著感覺器官騷擾而衍生私欲，從而達到與道體合一；但另一方面，他們的行為與外面的世界又混同如一，「歙歙焉，為天下渾心」（章49）。他們對所有人，不論貴賤、利害、親疏，都同樣溫和謙遜地待之以誠信、友善。如此聖賢，當然沒有人不敬重。

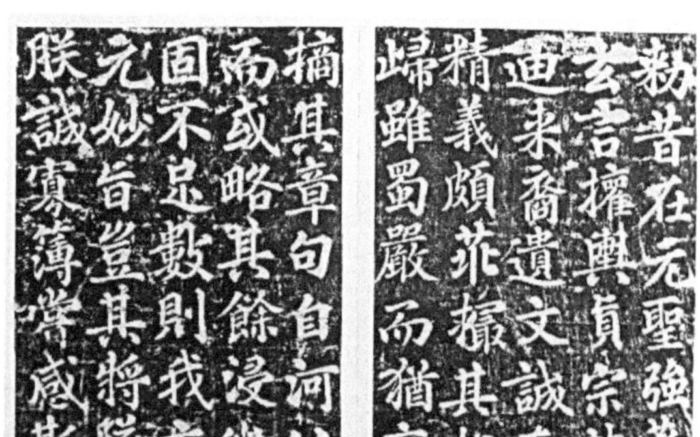
勅昔在元聖強著
玄言權輿真宗啓
迪來裔遺文誠在
精義頗乖撮其指
歸雖蜀嚴而猶病
摘其章句自河公
而或略其餘浸微
固不足數則我玄
元妙旨豈其將墜
朕誠寡薄嘗感斯

57

以正治邦，以奇用兵。以無事取天下，吾何以知其然也哉？以此：夫天下多忌諱，而民彌貧。民多利器，而邦家滋昏。人多智，而邪事滋起。法物滋章，而盜賊多有。是以聖人之言曰：我無為也，而民自化。我好靜，而民自正。我無事，而民自富。我欲不欲，而民自樸。

治理國家該當看作是正常的事務，
用兵作戰則當看作是奇特的事件。
使用無私欲的態度處理一切事情。[36]
我怎麼知道應該用這種態度呢？
就是因為以下這些例子：
世界上哪處多禁令，
　哪裏的人民就越貧困。
人民擁有太多利器，
　國家就越昏亂。
人民多智巧，
　邪惡事情就更頻發生。
法令越顯彰，
　盜賊就更多。
所以聖人有這樣的講話：
　我無為，人民便自然會轉化向善。
　我靜心，人民便自然會改邪歸正。

---

[36] 參看章 48：「將欲取天下，恆無事。及其有事，不足以取天下。」

【德經】

我無事，人民便自然會知足富裕。

我無私欲，人民便自然會歸真返樸。[37]

解說

本章開首三句「以正治邦，以奇用兵，以無事取天下」，都有一個「以」字。愚見認為前兩句的「以」字該解作「以為」或「認為」，也就是「看作」的意思；第三句的那個「以」字則解釋為「用」。不過，很多人都把這三個「以」字同樣解釋為「用」。那麼，首兩句的解讀便與拙譯有所分別，其大意變作為：「用正道來治理國家，用奇謀來作戰打仗」。而然，這樣的讀法，便違背了老子哲學的一貫宗旨。因為奇謀是正道的相反，有詭詐的成份。老子一直鼓勵著大家修養到如嬰兒般那樣天真純潔（章 28 和 55），並且反對使用不合於正道的謀略來作戰取勝（章 30）。他又怎會在這一章建議作戰打仗時使用奇謀呢？所以，本人不敢苟同這樣的解讀。

本章主要在於剖析如何管理一個國家的內部事務，而非討論外交如戰爭等事件。老子將會在章 69【67】、70【68】、71【69】，討論戰爭策略。他的策略是依據大公無私的三寶：慈、儉、不為天下先。完全沒有涉及甚麼出奇不意的謀略。

根據老子，在上位的統治者，如果能夠像聖人般修養至德，以身作則，努力地實踐玄同：「塞其兌，閉其門，和其光，同其塵，挫其銳，解其紛」（章 56），那麼，人民將會自然質樸向善，無須刻意立法管治。令人嘆息的是，即使在老子的時代，這樣的統治者，已經是十分罕見了（參看章 17）。那時候，國家已很混亂，而統治者只懂得依賴法律來維持秩序。可是，經驗顯示，以維持秩序為名而設立的禁

---

[37] 基本上，此四句僅是以不同的辭句，表達同一思想。「無為」，「靜心」，「無事」，「無私欲」等意思相近，請參看章 43 解說。

令，往往不能約束人民，反而導致他們利用法令上的漏洞，變得犯法更為猖狂，社會更加混亂。所以他說，「邦之利器不可以示人」（章 36）。老子解釋說，上古的統治者，不讓私欲掩蓋良知，實踐「無為」而治。他們知道：「天地相合，以降甘露。民莫之令而自均焉」（章 32）。因此，他們盡量不擾民而讓他們自由發展。

人民自己會知道如何轉化向善，因為「道」隱藏在人的精神意識內。「道」的指引不再來自外界的諭示，而是來自內在的良心（參章 18 和 38）。人民只需要靜心，便會辨知應該如何處理事情。有些規矩在某種情況下執行，會帶來利益，而在其他情況下執行不但不能夠得到好處，反會帶來傷害。因此，用強硬的法律來規定人民應該怎麼樣做事，並不一定獲得預期的良好效果。基本上，良心的聲音就是最好的法律。

從字面上看，本章好像在建議理想的治國方法。然而，若再三檢閱，便將意會到老子只不過是借用治國方法來教導如何處理個人的事務，幫助人們生活達到平安無妄（章 25 和 37）。如果人們能夠保持不動心，那麼，不論甚麼事情，都可以有效地完成（參章 48 討論「無為」和「無事」那段文字）。但是，如果人們讓貪婪淹沒心靈，讓情緒主宰意志，心志便會像脫韁的戰馬一樣狂亂奔跑。根據老子，如此混亂的狀態是奇特不正常的，如果人們一直勤於修練無為靜心，猶如達賴喇嘛所說，「停頓下來如一塊木頭一樣」（章 37），就不會發生這種混亂的狀態了。事實上，保持平靜和穩定的狀態，遠易於補救無秩序的失控場面——關於這個觀點，老子將在章 64 詳細舉例說明。目前，當務之急是「介然有知，行於大道」（章 53）。

58

其政悶悶，其民屯屯。其政察察，其邦缺缺。禍兮，福之所倚；福兮，禍之所伏；孰知其極？其無正也。正復為奇，善復為妖。人之迷也，其日固久矣。是以聖人方而不割，廉而不刺，直而不紲，光而不耀。

若政府平和溫吞，人民便敦樸知足。
若政府精明細察，人民便狡詐貧困。
災禍傍邊，幸福已經臨近倚靠著；
幸福中間，災禍已經潛伏隱藏著；
誰人知道事情最後會怎樣？
不要矯枉過正！
過正的反變為奇特，
過善的反變為怪妖。
人們執迷於極端，已經時日不淺矣。
而然，聖人只是：
　公平而不分割他人，
　廉潔而不刺傷他人，
　正直而不約束他人，
　內明而不向人炫耀。

解說

這一章，老子重複講述以「無為」治國的顯著功效。本書曾多次指出，即使在老子的時代，願意採取這原則的執政者，已如鳳毛麟角，更不用說現代的政治環境了。因此，推測老子只是借治國之道來講解修身之理而已。其實修身與治國的目標容或不同，惟其原則是一致的。所以在章 54 有這樣的話：「修之於身，其德乃真。……修之於邦，其德乃豐。」若一個國家有足夠的公民勤修至德，那麼便可以使整個國家都豐衣足食了。

一般來說，假若政府不擾民的話，老百姓自然會量入為出，無拘無束地生活。即俗語所謂：「山高皇帝遠、快活似神仙」。反過來，若政府好大喜功，不斷設立新政令，就必須增加官員和稅收來執行。在這種情況下，人民不僅會感到諸多限制，還可能難以繳交苛刻的稅收。可以推想，有些人會鋌而走險去詐騙或盜竊。這樣的行為，或者應該說，這樣不當的行為，將導致國家更為混亂。這就是為什麼治理國家應該本著「無為」的精神。

人類生活在二元世界，一切如美與惡、善與不善、有與無等現象都是循環往返於事情兩極端之間（章 2）。幸福與災禍當然亦不例外，也是交替發生。可是一般人總希望永遠沒有災禍而恆常幸福完滿。老子認為這種態度是太過執迷於極端，矯枉過正。應該學習聖人持平守中的處事態度。由於聖人實踐「無為」，沒有私欲撥動心弦，一切作為都是「同於道」。他們自然地以慈善和誠信對待所有人，所以「方而不割，廉而不刺」。並且他們完全沒有控制他人的意圖，只以自己的操守作典範去感化他人，所以亦是「直而不紲，光而不耀」。

59

治人事天，莫若嗇。夫惟嗇，是以早服。早服是謂重積德。重積德則無不克，無不克則莫知其極。莫知其極，可以有國。有國之母，可以長久。是謂深根固柢，長生久視之道也。

治理人民與及處理天下事，
沒有比節約更有用的了。
因為節約，所以便會預早籌備。
預早籌備相當於厚積功德。
厚積功德就能夠克服所有困難，
能夠克服所有困難的人，
　猶如有無限量的潛力。
有無限量潛力的人，
　便可以肩負管理整個國家了。
像一個母親那樣來照顧國家，
　便可以長久不倒。
猶如根深柢固的樹木般，
這就是長生久存的道理。

解說

「治人事天」本來是指古代王侯的職責。現在，可以引申為一般機構主管所負責的任務。

「嗇」在這裏解作「節約」。基本上「嗇」字與章 69【67】所用的「儉」字，意思是相近的。以節約為辦事原則的人，當然不想浪費時間，精力和資源，因此他們會為其工作預早籌備。據老子，為工作預早籌備，可以獲得許多好處。例如：厚積功德，能夠克服所有困難，有無限量的潛力，可以作國家的領導人（國家含義推廣，可以代表任何一個機構組織，甚至一個單獨的個體）。

作領導人應該像一個充滿愛心的母親：「生而弗有，為而弗恃，長而弗宰」（章 51）。只有如此，才可以建立一個基礎堅實的事業，使之持續久遠。但是，尤其要遵循「功遂身退，天之道也」（章 9）的操守。

對道家來說，這一章亦可以看作是討論行氣練習，達到長生不老的竅門。比如「嗇」可以解作愛惜精氣，「早服」表示早早地服食金丹精氣等等。不過，上文已經說過，這些練習必須由老師親身教導才有成效（參看章 55）。況且我們學習《道德經》不是為了長生不老，而是希望生活得更有意義和更充實（參看章 2）。所以，在此不採納這個讀法。僅順便一提，以供參考。

60

治大國若烹小鮮。以道蒞天下，其鬼不神。非其鬼不神也，其神不傷人也。非其神不傷人也，聖人亦弗傷也。夫兩不相傷，故德交歸焉。

治理大國就像烹煎小魚。
若全世界都像聖人般守道，
那麼，鬼魅也會不靈光了。
並非鬼魅不靈光，
只是其魔法不能夠傷害人而已。
不但其魔法不能夠傷害人，
聖人亦沒有傷害其魔法。
由於兩者互相不傷害，
故其德性，雖然相交卻各有所歸。

解說

本章 60 涉及如何治理一個國家的內部事務，而隨著的章 61 則關乎處理外交事宜。在此，大國的「大」這個形容詞，主要是和所說小魚的「小」作對比，並非一定涉及一個龐大的國家。又如前章所述，我們把國家看作是一個可大可小的團體。若大則可以大到代表整個世界，若小則可以小到只代表一個單獨個體。然而不論這個組織多大或多小，都比烹煎的小魚大很多，並且都應該以守道，實踐「無為」作治理事務的原則（章 43）。

在章 57 和 58，老子已詳細論述了以「無為」治國是何等重要。在這裏，他借用烹煎小魚為例子，幫助我們掌握實踐「無為」時應該留意的訣竅。大家都知道，外表的行為反映著我們內在的精神狀態。如果我們能夠保持靜心，達到心思清空「無為」的境界，那麼我們在行動時，就能夠以「無事」的態度，專注地完成任務（章 43）。且讓我們探究怎樣應用烹煎小魚的方法來練習「無為」靜心。

在章 16，老子說修道應該達到：「致虛極也。守靜篤也」。在章 46，他建議訓練靜心，使欲望念頭不要像野馬般狂奔。然而，一般來說，念頭是一個接一個不停地從心裏湧起的。因此，所謂致虛守靜，並不表示壓抑和禁止念頭的出現。相反地，當一個念頭出現的時候，修練者只安靜地觀察這個念頭，不去打擾它。猶如不去打擾正在烹煎的小魚，以免它們破碎，難以清潔煎鍋。只要耐心侍候，不久，小魚便會熟透，可以完整地離鍋。同樣道理，那個不被打擾的念頭也會成熟而從腦海中消失。接著，另一個念頭又會出現，修練者又重複如是觀察。有經驗的修練者表示，可以把念頭和念頭之間的時刻逐漸延長，那麼，在這念頭與念頭之間的時刻就實現了「致虛極也。守靜篤也」的境界。

最後那四句，「非其神不傷人也，聖人亦弗傷也。夫兩不相傷，故德交歸焉」頗費解。《王弼老子》把其解作外表行為，而把「聖人亦弗傷也」句更改為「聖人亦不傷人」。那麼，這四句就慣常被解讀為：不但鬼魅魔法不傷害人，聖人亦不傷害人。所以，鬼魅和聖人兩者都不傷人，他們的德性合乎「道」，交歸於「道」。

但倘若明白，那四句其實是描繪內在的精神意識狀態，便可以依《帛書老子》的文字，解讀如上文的翻譯。茲再略作分析。

鬼魅藉着人類的念頭去引誘人們作違背良心的事情。（不僅老子持此看法，人智學亦然。）若人們像聖人那樣安靜地觀察這些從心裏湧起的念頭，不去打擾傷害，它們便會漸漸消失，那麼鬼魅的魔法就不能得逞傷人了，當然聖人的觀察亦沒有傷害到魔法。這情況，可看以作聖人的「無為」德性與魔法不合，它們雖然相交卻互不相犯，各有所歸。魔法還歸於鬼魅，而聖德則還歸於道體。老子這句話「夫兩不相傷，故德交歸焉」，與耶穌說的「凱撒的還給歸凱撒，上帝的還給歸上帝。」（馬太福音 22：17）正是異曲同工，皆表達同樣的道理原則。

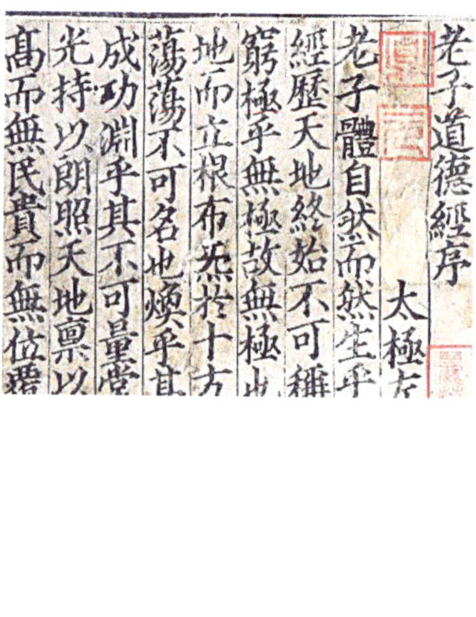

老子道德經序
太極左
老子體自然而然生乎
經歷天地終始不可稱
窮極乎無極故無極也
地而立根布炁於十方
蕩蕩不可名也煥乎其
成功淵乎其不可量堂
光持以朗照天地稟以
高而無民貴而無位覆

61

大邦者下流也，天下之牝。天下之交也，牝恆以靜勝牡。為其靜也，故宜為下。大邦以下小邦，則取小邦。小邦以下大邦，則取於大邦。故或下以取，或下而取。故大邦者不過欲兼畜人，小邦者不過欲入事人。夫皆得其欲，故大邦者宜為下。

一個大國像是溪水下流匯集的地方，
它擔當母畜的角色。
在世界事務交往中，
母畜常以安靜取勝於雄畜。
因為牠安靜，所以較宜處在下方。

大國對小國謙下禮遇，
便取得小國的信任歸向。
小國對大國謙下禮敬，
便取得大國的信任容納。
所以，謙下可以取得歸向，
　謙下可以被容納。
確實，大國不外乎希望容納培養更多人民，
小國只不過希望依附大國方便治理人民。
二者都可以藉著謙下達成願望，
不過，大國尤其應該謙下。

解說

章 60 借用烹小鮮來解釋，個人內修時，如何培養安靜的心思。本章 61 採用畜牲交配的情形來說明，與他人交往共事時，應如何持守謙下的態度。理論上，如果內修能夠達到無為、無私的境界，則與他人交往共事時，自然態度謙恭有禮。唯實際行動時，仍有很多微妙的地方需要留意。故老子仍不厭其詳地加以講解。

老子指出畜牲在交配時，母畜謙卑地等待有意交配的夥伴，然後安詳地接納牠，雄畜因為喜歡被接納而謙卑地完成交配。交配的首要條件是尊敬對方的願意。假若人類於性教育中強調這種彼此互相尊敬的態度，也許性侵犯和性騷擾將會大大減少。

與他人交往共同合作處理一件事情時，由於每人的專長才能有差異，故一般來說，才能較專長的一方會充當大國般的領導角色，而才能較弱的另一方則充當若小國的隨從角色。不論充當甚麼角色，老子建議彼此都應該互相尊重，謙虛地互相交接，像畜牲交配般共同完成整件事情。再者，充當領導的，由於職責在上的關係，容易變得高傲和冷漠，所以要更加刻意謙下，禮遇隨從。

62

道者，萬物之注也，善人之寶也，不善人之所保也。美言可以市尊，美行可以加人。人之不善，何棄之有？故立天子，置三卿，雖有拱之璧以先駟馬，不若坐而進此。古之所以貴此者何也？不曰求以得，有罪以免與？故為天下貴。

道是萬物的依歸，
善人視它如至寶，
不善人受它護保。
美好的言詞雖然可以換來尊敬，
優良的德行雖然可以獲得器重，
但為何要放棄那些言行不好的人呢？[38]

所以天子即位，
設置公卿等慶典，
雖然有大玉璧在前，
四匹馬隨後那麼隆重，
還遠不如安坐著修道。
古時候，為甚麼重視修道呢？
不正是說求便可以得到庇護，
　　有罪便獲免掉嗎？
所以修道是天下人最重視的。

---

[38] 參看章 27：「是以聖人恒善救人，而無棄人。」

解說

在章 60 和 61，老子使用日常的普通事情，如烹小鮮和動物交配，來突顯安靜無為的重要性。在本章，他說即使不常發生的大事，如天子即位或設置公卿等那麼隆重慶典，其重要性還遠不如安坐著修道啊。由這點我們可以推知《道德經》並非純粹為執政者而寫。它的教誨正是為了幫助一般普通人體現「自我」，完成人格。所以，自古至今它都那麼廣受歡迎 。

老子一貫建議修道者必須努力培養玄德，亦可稱作恆德或至德。具有至德的人，其一個重要特點是仁愛慈悲，尤其對低下不好的人，亦加以照顧保護。大多數人都喜歡與言行優秀的人打交道，而避開所謂壞人。不過，老子明確指出，道體是無所不包容庇護的，絕對不會捨棄有錯失的人。以後在章 75【73】和 76【74】，他還會從另外的角度對這個主題再加探討。

其實，犯錯的人並非天生一副壞心腸，只因一時被私欲蒙蔽良知而已。故此，他們更需要善人的教導。他們更需要學習靜心無為的法門。所謂「浪子回頭金不換」，這句諺語正說明，壞人是可以改邪歸正的。反過來，若好人不繼續靜心修道，也可以變作壞人呢。所以「道」是片刻也不可以離開的。

古時候，為甚麼重視修道呢？古人明白「道者，萬物之注也，善人之寶也，不善人之所保也。」他們瞭解道體是「生而弗有，為而弗恃，長而弗宰」；道體是所有人的避風港，讓人有充裕的時間和空間，發展成為真正的「王」。他們認為道體這個慈悲寬恕德性是世界上的至寶，所以，古人重視修道。

63

為無為，事無事，味無味。大小【多少，報怨以德。圖難於其易，為大於其細。天下之難作於易，天下之大作於細。是以聖人終不為大，故能成其大。夫輕諾者必寡信，】多易必多難，是以聖人猶難之，故終無難矣。

一九九三年，在湖北省荊門市郭店的一座楚墓，出土了一批抄寫在竹簡上的古老典籍。其中有三份《老子》傳抄本，稱為《簡本老子》（甲、乙、丙）。其抄寫年代約早於《帛書老子》百餘年。《簡本老子》文字可分見於傳本《老子》三十一章中，其內容有的相當於傳本全章，有的只相當於該章的一部份。[39] 當中一章與《王弼老子》的章 63，主題相同，但卻簡短了許多。[40] 在《王弼老子》，該章括號【 】內所示的一段文字（見上文），在《簡本老子》內單只有一個【之】字（見下文）。我們將先後翻譯這兩個版本的文字，再作比較。

《王弼老子》譯文

以無為的精神行動作為，

以無事的態度處理事務，

以無味的覺識品嘗滋味。

不論大小【繁簡的事情，都應該以德報怨。

處理困難事情時，從易處著手，

處理重大事情時，由小處做起。

[39] 參 Robert G. Henricks, *Lao Tzu's Tao Te Ching: A Translation of the Startling New Documents Found at Guodian*, pp. 1–8。

[40] 順便一提，此章在《帛書老子》甲本、乙本有很多殘損，所餘下的文字亦與《王弼老子》無大差異。

【德經】

世界上的難事都是由易事做成，
世界上的大事都是由小事起頭。
因為聖人不以作大事為最終目的，
所以能夠成就大事。
隨便許諾的人必定很少守信，】
事情若掉以輕心，必會遇到很多困難，
所以，聖人重視所有事情猶如難事，
那麼，到最後便不會有困難了。

《簡本老子》 本文和譯文

為無為，事無事，味無味。大小【之】多易必多難，是以聖人猶難之，故終無難矣。[41]

以無為的精神行動作為，
以無事的態度處理事務，
以無味的覺識品嘗滋味。
不論大小【的】事情，若掉以輕心，
　必會遇到很多困難，
所以，聖人重視所有事情猶如難事，
那麼，到最後便不會有困難了。

解說

欲比較這兩個版本優劣，而取得客觀的結論，最好把本章 63 和跟著的章 64 一起閱讀。因為這樣閱讀之後，我們便會注意到，本章主旨是點出處理困難事情的竅門，而下一章

[41] 參 Robert G. Henricks, *Lao Tzu's Tao Te Ching: A Translation of the Startling New Documents Found at Guodian*, pp. 48–49。

則是通過各種簡單的例子來引證並發揮本章的主題。在本章，《王弼老子》（甚至《帛書老子》）卻把《簡本老子》的「之」字更改變換為一大段文字。大體上，該段文字只不過是重複章 64 的部份意見，但卻削弱了上下文一氣呵成的連貫性。反之，《簡本老子》文筆簡潔利落，一針見血就點明主題。由此可以推斷《簡本老子》的這一章，應該是《老子》的原文。即或不是，也應相去不太遠了。基於這個理由，我們只討論《簡本老子》的內容。

在章 43，我們已經詳細分析過「無為」、「無事」的含義，並且指出，為了強調做事時，應該保持「無」——寧靜而沒有私欲蠢動——的心態，老子還會為另外一些活動，去創作類似的新名詞。本章的「無味」便是這樣的新名詞。「味無味」的意思是，當運用味覺時，不要對食物存有成見而妨礙品嚐食物的原本滋味，應該避免偏愛或厭惡某一種味道。當持有這樣的心態，我們便容易品嚐出食物的原味，可以知道所吃或喝的東西，對身體是否有益。既然我們經常吃喝飲食，我們當有很多機會去練習「味無味」這個活動，還可以變得更健康呢。

老子解釋說，如果大家都像聖人般經常實踐「為無為，事無事，味無味」的話，那麼對任何事情便都不會覺得困難了。因為這些練習會幫助我們養成「嗇」並且「早服」 的良好習慣（參章 59）。如果不管做大事小事，都同樣重視，給予充分準備的話，當然可以順利地按部就班把事情完成。一般來說，如果做事時，先把事情小心研究，找出事情的癥結才計劃執行方針。那麼，即使是複雜的大事情，也可以化繁就簡而方便進行。反過來說，如果做事時，對事情掉以輕心，不留意事情的關鍵所在，便草率進行，那麼，即使是簡單的小事情，也容易出錯，變作困難重重的麻煩事了。因此，聖人一開始就重視所有事情猶如難事，到最終便不會再遇到困難了。

64

其安易持。其未兆易謀。其脆易泮。其微易散。為之於其未有，治之於其未亂。合抱之木，生於毫末。九成之台，作於累土。千里之行，始於足下。為之者敗之，執之者失之。是以，聖人無為，故無敗；無執，故無失。民之從事也，恆於其成事而敗之。 故曰慎終若始，則無敗事。是以聖人欲不欲，而不貴難得之貨；學不學，而復眾人之所過；能輔萬物之自然，而弗敢為。

和平安定的形勢，容易持守。
未冒先兆的事情，容易圖謀。
脆弱的東西，容易破碎。
微小的東西，容易消散。
在事情未發生前，先做好準備，
在形勢未混亂前，先安排妥當。
合抱的巨木，是從一株幼苗生長起來的。
九層的高台，是從一筐筐泥土建造成的。
千里的遠行，是從腳底一步步踏出來的。
胡作妄為就會敗事，
執意於得失就會錯失。[42]
所以，聖人不胡作妄為，就不會敗事；
　不執意於得失，就不會錯失。
反之，一般人做事，常於快要完成時而失敗了。
倘若對終點能夠像對起點一樣謹慎，
　便不會敗事。

[42] 「為之者敗之，執之者失之」句，亦見於章 29。

所以聖人的欲望就是消除私欲，不看重稀有財物；
他要學的就是不學習智巧，改正眾人的過錯；
他輔助眾人回歸自然，不敢胡作妄為。

解說

老子提醒大家，很多重大和困難的事情都是從細微簡易開始的。因此，最理想是在事情尚未演變為重大和困難時，便著手處理。不過很多人都有拖延的陋習，常常等到事情緊迫時才開始去做。可是那時候，他們會疏忽關鍵性的細節而妄為，所以便容易失敗。再者，很多人於事情快將完結時，格外著意於得失，而不能夠全神貫注於所辦之事，因此亦會失敗。若眾人都模倣聖人勤習「無為」而消除私欲，不為得失操心，在辦事時，自然謹慎小心，自始至終全神貫注，所辦事情沒有辦不成功的（參章63）。所以說：「慎終若始，則無敗事。」

老子說「無為」是世界上最有效的辦事原則（參章43）。他列舉多個例子，一方面說明白「無為」的益處，另一方面示範實踐「無為」的訣竅。事實上，甚至戰爭，也可利用「無為」的原則而獲勝，稍後老子將會討論戰爭獲勝的策略。當然，假若所有領袖都以「無為」的原則來治理國家，那麼根本上，就可以避免戰爭。因此，在正式講解打仗策略之前，老子還特意在隨後的四章65、66、67【80】、68【81】強調避免戰爭的治國方法。

請留意章 67、68 旁附上另外章號。這情況乃是因為調整章節次序而來。記得《王弼老子》與《帛書老子》在章節安排上有三個地方相異（參序二）。第一、二次相異處已經調整清楚（見章 22【24】— 24【23】和章 39【41】— 41【40】）。現在是第三次錯簡情形，《王弼老子》最後的兩章【80】、【81】，在《帛書老子》是緊隨著章 65、66 的。這四章有一個互相關連的主題，不應該把它們分開。故此，依從《帛書老子》把《王弼老子》最後的兩章移前，作為本書的章 67、68。由於這個移動，本書自章 67 開始，所有章號均異於《王弼老子》章號。為了方便參考，於書內章號旁附上《王弼老子》原來的章號。

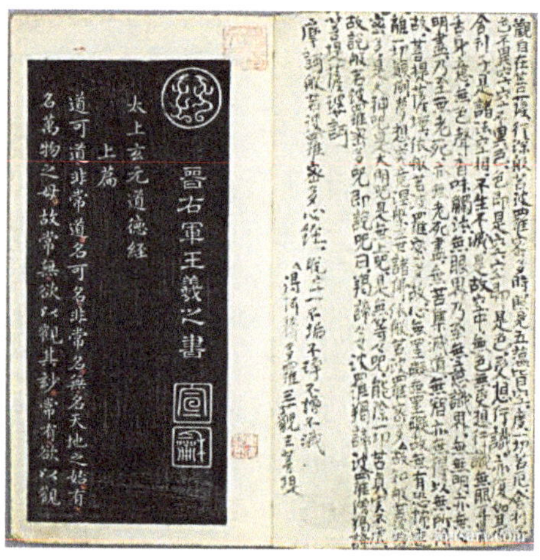

65

古之為道者，非以明民，將以愚之。民之難治也，以其知也。故以知治邦，邦之賊也；以不知治邦，邦之德也；恆知此兩者，亦稽式也。恆知稽式，此謂玄德。玄德深矣，遠矣，與物反矣，乃至大順。

古時使用道來治國的人，
不會鼓勵人民聰明智巧，[43]
而是引領他們敦樸愚魯。[44]
人民所以難於治理，
　乃由於他們太多聰明智巧。
因此，用聰明智巧治國，是國家的災禍；
不用聰明智巧治國，是國家的幸福；
知道取捨這兩種方式，就是治國法則。
常常懂得使用這個法則，就是玄德。[45]
玄德既深且遠，
　能夠帶領所有人返本歸真，
　達到與大自然和順。

---

43 不會鼓勵人民以聰明智巧去滿足欲求。參看章 3：「恒使民無知無欲也。」和章 10：「愛民治國，能無以知乎？」

44 愚魯的意思是純樸厚道。所以愚人不會像大多數人那樣追名逐利。外人可能會覺得他們有些混沌。在章 20，老子曾以「愚人」來形容古時的修道人：「眾人皆有餘，而我獨若遺。我愚人之心也哉，沌沌兮！」

45 參看章 51：「生而弗有，為而弗恃，長而弗宰，是謂玄德。」和章 10：「生之、畜之，生而弗有，長而弗宰，是謂玄德。」

解說

古時使用道來治國的方針是，「不上賢，使民不爭。不貴難得之貨，使民不為盜。不見可欲，使民不亂」（章3）。唯在老子時代，社會已經十分紊亂。故老子建議先「絕聖棄知」、「絕仁棄義」、「絕巧棄利」，然後才逐漸鼓勵人民像愚人般「見素抱樸，少私寡欲」（參章19）。

古時治國的聖人明白以身作則的道理。若希望人民都能夠做到「見素抱樸，少私寡欲」而安居樂業的話，根本上無須使用嚴刑峻法，亦不須發號施令。他們只要自己實踐「無為」就可以了。因為他們理解：「我無為也，而民自化。我好靜，而民自正。我無事，而民自富。我欲不欲，而民自樸」（章 57）。若人人都能夠這樣返本歸真，天下自然太平，世界自然和順。那麼，何來戰爭呢？

66

江海之所以能為百谷王者，以其善下之，故能為百谷王。是以聖人欲上民，必以其言下之；欲先民，必以其身後之。故居前而民不害，居上而民不重。天下樂推而不厭，以其不爭，故天下莫能與之爭。

江海所以能為眾多溪水匯注集合，
乃因為它們位置低下，因此溪水能夠匯集。
所以聖人能夠得到人民尊敬，
　必然是由於言辭謙下；[46]
能夠領導人民，
　必然是由於甘願退居在後。
他們雖然是領袖，人民也不會覺得受妨礙，
居上位，人民也不會覺得受壓迫。
整個世界都樂意不停地擁戴他們。
因為他們不與人相爭，
故沒有人能夠與之相爭。[47]

解說

記得在章 61，老子用畜牲交配比喻安靜謙遜的優點。在這裏，他使用江海與及其眾多支流的關係，而重申謙虛不與人爭的重要性。居上位的領導人謙虛愛民，不與他人相爭，當然就沒有人能夠與之相爭。那麼，何來戰爭呢？

---

46 他們稱自己為「孤、寡、不穀」（見章 40【39】、42）。
47 比較章 23【22】：「夫唯不爭，故莫能與之爭」。

【德經】

謹再複述，《王弼老子》的章【80】、【81】，移前了為本書的章 67、68。

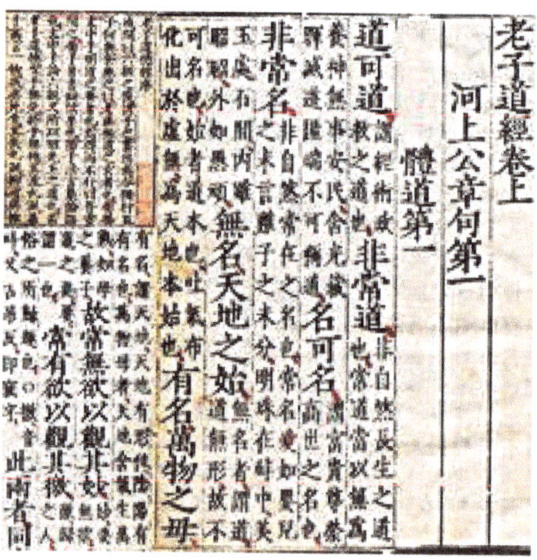

老子道經卷上

河上公章句第一

體道第一

道可道 謂經術政教之道也 非常道 非自然長生之道也常道當以無為養神無事安民含光藏暉滅迹匿端不可稱道 名可名 謂富貴尊榮高世之名也 非常名 非自然常在之名也常名當如嬰兒之未言雞子之未分明珠在蚌中美玉處石間內雖昭昭外如愚頑 無名天地之始 無名者謂道道無形故不可名也始者道本也吐氣布化出於虛無為天地本始也 有名萬物之母 有名謂天地天地有形位有陰陽有柔剛是其有名也萬物母者天地含氣生萬物長大成熟如母之養子 故常無欲以觀其妙 … 常有欲以觀其徼 … 此兩者同

67【80】

小邦寡民，使十百人之器毋用，使民重死而遠徙。有車舟無所乘之，有甲兵無所陳之。使民復結繩而用之，甘其食，美其服，樂其俗，安其居。鄰邦相望，雞狗之聲相聞，民至老死不相往來。

地窄人稀的國家，
不要隨便用兵打仗，[48]
以免人民由於重視死亡，[49]
　而遠離家鄉。
倘若人民無需乘坐車舟遠徙，
倘若國家無需陳兵布陣，
便可以讓人民回復結繩記事，[50]
　食膳甘美，
　服飾整潔，
　習俗和樂，
　居處安適。

---

48 讓所有軍備，如以十人或百人編制的軍隊及其武器，都無所用。即不需要用兵打仗。

49 俗語有云：「死有重如泰山，輕如鴻毛」。重視死亡即表示愛惜生命，不希望隨便失去生命。可是根據老子，若在上位的統治者太貪婪苛刻，亦會使人民輕視死亡，不愛惜生命的。參章77【75】：「民之輕死，以其上求生之厚也，是以輕死。」

50 在遠古時代，人們生活簡單，結繩便足以記事，大事打大結，小事打小結。後來，因為戰爭，太多事情需要記錄，書寫才逐漸發展起來。在這兒，回復結繩記事只是象徵沒有戰爭而已。其實，參看下文便明白，老子只是希望人們可以回復簡單幸福的生活，而非真正鼓吹回復結繩記事。

與鄰近國家守望相助，
和睦地互聞雞狗之聲，
人民到老死，
　都不再需要往來走避戰火了。

解說

這章經文是在慨嘆戰爭的禍害，而不是贊許小國的寧靜。所謂「小邦寡民」不一定是指弱小的國家，小國是以相對性而說的小。猶如在「治大國若烹小鮮」這件事情上，任何國家與小鮮相比較，都可以說是大國（參見章60）。以此類推，在戰爭這件事情上，任何侵略國在戰前都可以看作是比較小的邦國，而有機會藉著戰爭，擴充領土，而演變為更大的邦國。再者，很多野心勃勃的統治者，總覺得自己所管轄的地域太小、權力不夠大，並且人丁單薄不夠分配於各類建國項目上。他們的心態，倒真的認為自己在統治著一個小國，而必須窮兵黷武，使之變成一個更大的邦國呢！

老子回顧古代聖人治國的首要任務，就是帶領所有人民歸真返樸，達到與大自然和順（參章65）。他們以「無為」的原則治國，不會妄動干戈。因為戰爭損害國家元氣，戰後需要長時間休生養息才可復元（參章30）。所以古代的治國者，都與鄰國互相禮讓、以和睦邦交為上策（參章61）。

可嘆的是，在老子的時代，大概已經沒有統治者以「無為」的原則治理國家了。統治者治國非為愛民，而是為滿足私欲、玩弄權術、奢華享樂，根本上就像盜夸（參章53）。許多野心大的統治者都想吞噬鄰近國家而作雄據一方的霸主。因此，即使那些尚未有稱霸之心的王侯，為了保護自己的國家，也不得不囤積兵器和擴充軍隊。於是老百姓就需要邀納巨大稅款以支付這些些額外軍備，令到人民生活百上加斤、更為困苦。此外，戰爭變得如此頻繁，人們必定早已收拾細軟，預備戰火一到，便立刻遠走他鄉。可以想像，他們多希望有隱密之地，讓他們藏身在那裏。從此遠離戰火，過著安定寧靜的生活。

及至後世，東晉著名田園詩人陶潛（365－427）寫了《桃花源記》。以一則虛構故事，反映老子這章經文的厭戰思想。故事大意是：一位漁夫沿著溪水划船，偶然遇見一片桃花林。去到林的盡頭，溪水起源處，他把船泊好，上岸探索，竟然步入了一個如仙境般的村莊，農作精緻、房舍整齊、村民怡然自樂，但衣著卻與外界相異。村民告知漁夫，很久以前他們的祖先躲避戰爭，找到這塊既隱蔽又美麗的土地，便安居下來，不再理會外間世事。從漁夫口中，始得知原來外間已經替換了好幾個朝代。

與世外桃源的居民相比，老子時代的那些淪陷於戰區討生活的老百姓，真是苦不堪言啊！他們必定常常缺吃乏穿，還要隨時走避戰火，已不敢想望安適居處和遵循文化習俗了！這就是為什麼老子希望當權者不隨便用兵打仗，讓人民能夠「甘其食，美其服，樂其俗，安其居」。如果所有的統治者都願意和平共處，人民當不會介意生活簡單。很明顯，他們最大的願望就是不用無休止地往來走避戰火。

老子可能想像會有這樣大同的一天……但不幸得很，他說的雖然是真誠的話卻不動聽，沒有統治者願意聽從他的建議。邦國間的嚴峻情況令他不得不討論戰爭的策略。

68【81】

信言不美，美言不信。知者不博，博者不知。善者不多，多者不善。聖人無積，既以為人己愈有；既以予人己愈多。故天之道，利而不害；聖人之道，為而弗爭。

真誠的話不動聽，
動聽的話不真誠。
修道的人學識不廣博，
學識廣博的人不修道。[51]
善良的人擁有不多，
擁有多的人不善良。[52]
聖人不囤積，[53]
　以助人為快樂之本；
　以布施為生命之糧。
天地的法則，利益萬物而不傷害；
聖人的法則，幫助別人而不相爭。

解說

老子在章 67【80】描述了戰爭所造成的不人道情況，而在這一章則再次申明消除戰爭的主要根源，就是不貪婪、不相爭。

[51] 參章 48：「為學日益，聞道日損」。
[52] 那些擁有多的人常會貪得無厭，而容易為非作歹。
[53] 聖人不囤積，因為他們明白道體是常用常有，用之不竭的（參章 4）。

敬請留意，「戰爭」這個名詞，可以廣義地代表任何情況之間的衝突：國家、團體、個人、甚至思想、主義之間的。不論是那種情況的衝突，都可以使用老子「無為」的原則去消除化解掉。

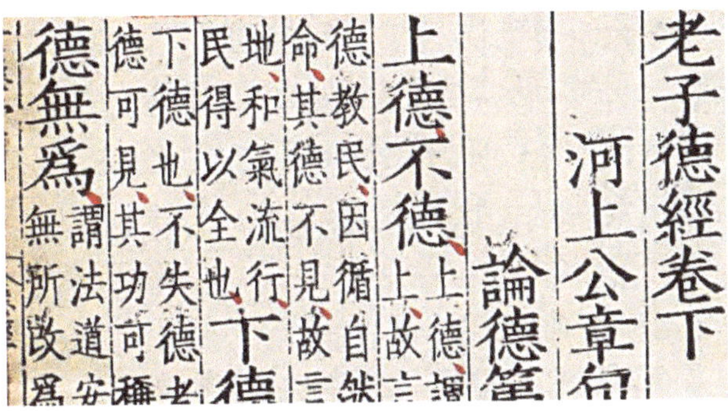

老子德經卷下
河上公章句
論德
上德不德上德謂上故言
德教民因循自然命其德不見故言
地和氣流行民得以全也下德
下德也不失德者德可見其功可稱
德無爲謂法道安無所改

69【67】

天下皆謂我大，不肖，夫唯大，故不肖。若肖，細久矣。我恒有三寶，持而寶之。一曰慈，二曰儉，三曰不敢為天下先。夫慈，故能勇；儉，故能廣；不敢為天下先，故能成事長。今舍其慈，且勇；舍其後，且先；則必死矣。夫慈，以戰則勝，以守則固。天將建之，如以慈垣之。

世人都說我所講的道太大，不似任何東西。
正因為它大，所以不似任何東西。
如果它似某樣東西，
　那麼，它便早已經像那樣東西般細小了。
我有三件法寶，必須常常保持修練。
第一件叫做慈愛，
第二件叫做節儉，[54]
第三件叫做不敢領先。
慈愛，所以能英勇；
節儉，所以能充裕；
不敢領先，所以能作領導。[55]
這時代的人捨棄慈愛，只求勇敢；
　捨棄居後，只求領先；
　實在是自取滅亡。
慈愛的軍隊，
　作戰則會勝利，

[54] 參考章 59 所講的「嗇」。
[55] 參「是以聖人退其身而身先」（章 7）和「欲先民，必以其身後之」（章 66）。

防守則會堅牢。

上天當衛護他們，用慈愛環繞著他們。

解 說

我們已經得知老子深深同情在戰爭中受苦的老百姓（章30、31、67【80】）。雖然，他熱愛和平，並且極度不贊成使用暴力，但他瞭解在某些特殊情況下，戰爭是會發生的——就像嚴重受傷的病人，開刀手術是必要的——如果戰爭或手術是不可避免的話，那麼就應該在其進行的過程中，盡可能減少不必要的傷害。為此，他於連續的這三章 69【67】、70【68】、71【69】，討論戰爭策略。

雖然戰爭是殘酷的、不人道的，可是老子的戰爭策略卻是以慈悲仁愛為基礎。尤其那些指揮軍隊的將領，更需要仁心仁術，以便盡快結束戰事。老子講的戰略三寶：慈愛、節儉、不敢領先（即謙虛），其實也是做人的三寶，故此他希望大家常常保持修練。所謂三寶，歸納起來，最重要的就是第一寶：慈悲仁愛。第二、三寶都會因培養慈悲仁愛而逐漸發展出來。當我們充滿同情愛心，自然會愛惜一切東西，不隨便浪費，故此會變得節儉。當我們充滿同情愛心，自然覺得一切人物都重要，都應該尊敬，故此不介意讓別人領先，自己謙虛地隨後。

在章 7，老子說，「天地之所以能長且久者，以其不自生也，故能長生」。換句話說，天地是無私的，慈愛的。如果，戰爭的軍隊和將領都能夠像天地般慈愛無私，那麼他們自然「以戰則勝，以守則固」，立於不敗之地，像天地一樣能長且久了。

70【68】

善為士者不武，善戰者不怒，善勝敵者弗與，善用人者為之下。是謂不爭之德。是謂用人，是謂配天，古之極也。

優秀的兵士不耀武揚威，
優秀的戰卒不暴躁逞強，
善於勝敵的將帥不與人較量，
善於用人的長官必然謙下。
這就是不與人相爭的品德。
這就是統率用兵的方法，
這就是配合天道——上古時期的最高原則。

解說

對老子來說，參與戰爭的原因不是為了稱霸世界，而是為了解除侵略者的武裝。士兵是軍隊的血脈，主要負責不可避免的近身戰鬥。因此，戰爭中最重要的是士氣，要培養士兵和軍官優秀的品德。士兵必須保持冷靜以避免不必要的鬥爭。軍官必須以謙下的態度讓士兵明白戰爭的策略。

老子說，在上古時期，統率用兵的最高原則是培養作戰人員不與人相爭的品德。由他所說可以推斷，在他那個時代，軍隊已不再重視這方面的培訓。也許現代人對《道德經》的濃厚興趣，可以推動軍政界注重這些德育的培訓，從而減少戰役中的傷亡。

71【69】

用兵有言曰：「吾不敢為主而為客，吾不進寸而退尺。」是謂行無行，攘無臂，執無兵，乃無敵矣。禍莫大於無敵，無敵近亡吾寶矣。故稱兵相若，則哀者勝矣。

帶兵的人曾經這樣講話：

「我們不敢妄作主動，而是客觀謹慎；

我們不隨便進前半寸，卻不介意退後一尺。」

這就是

以無行列的精神行動排陣，

以無臂膀的態度揮攘臂膀，

以無兵器的覺識執握兵器。

如此，就能夠所向無敵。

最大的危險莫過於輕敵，

輕敵即等如失去我的法寶。

所以，如果兩方兵力相當，

心懷慈愛的一方會獲勝。

解 說

老子根據古時帶兵打仗者的講話，說明戰爭時應持有的心理意識。參戰者不應該妄作主動，而必須謹慎客觀，留意敵我形勢。走第一步的通常是不耐煩者。他們就像好動的心思未能平靜下來，因此他們會容易犯錯。對於只是應戰而非侵略者的一方，更不會隨便前進分毫，如果雙方願意和平解決，退後一尺以示誠意也不介意。

若和談不成，必須開戰，那麼士兵就專心打仗：「行無行，攘無臂，執無兵」。他們執行這些軍事任務的原則，基本上與「為無為，事無事，味無味」等日常活動的原則，是相同的（參章43、63）。由於只專注於所做的事情，不去理會敵我勝負，心理上便如入無敵之境，就能夠所向無敵。

能夠所向無敵，是因為沒有牽掛得失成敗，並不意味無視敵人的威脅，看輕他們。如果看輕敵人，便會變得傲慢，容易產生與敵人較量相爭的念頭，而失去惻隱慈愛之心。亦即等如失去老子說的三個法寶。所以，應該平等看待對手，憐憫他們，不是摧毀他們，只是解除他們的武裝，重新建立和平。

於此，可以體會到「無為」的效用。若能以平靜安詳的心態去辦事，即使可怕的戰爭也可以有效地解除。

72【70】

吾言甚易知也，甚易行也；而人莫之能知也，而莫之能行也。言有君。事有宗，其唯無知也，是以不我知。知我者希，則我貴矣。是以聖人被褐而懷玉。

我的言論很容易懂，也很容易做到；
卻無人去瞭解，也無人去實行。
言論是有根據的，
行事是有主旨的，
由於不明白這點，
所以，不去瞭解我的言論。
瞭解我言論的人很少，
實行我言論的人就更難得。
所以，聖人外穿粗衣，而內懷美玉。

解說

老子說出了合乎人道的戰勝策略。不過，他意識到好戰者不會聽從他的建議。他可能有學生，但完全掌握他所教的大概不多，願意跟隨他修道的更少。[56] 或許他所教不與人相爭和用慈愛同樣地對待好人和壞人的道理，很難入耳。但根據老子，只要用功勤習靜心，便會達到「無為」的境界，同時各種美德亦會容易相繼養成。很可惜，於他在生之年，甚少人有興趣去理會他懷中的美玉！

自本章 72【70】至 77【75】這六章，是一個單元。本章哀嘆無人願意實行「無為」，跟著的五章講述不實行「無

[56] 記得在章 39【41】中，所說及三種類的學生。

為」治國，會發生什麼弊病。老子談論的治國原則，當然也適用於其他事情上。

73【71】

知不知，尚矣。不知不知，病矣。是以，聖人之不病，以其病病。是以不病。

知道不應該使用智巧，是上德。

不知道不應該使用智巧，是弊病。

聖人之所以沒有這個弊病，

乃因為他們厭惡這個弊病。

所以便沒有這個弊病。

解說

本章大體上取自《帛書老子》（甲本）。蓋乙本及其他《老子》版本都把「不知不知，病矣」句中的第二個「不」字刪去，而竄改為「不知知，病矣」。竄改版本的那段文字：「知不知，尚矣。不知知，病矣」，傳統大概這樣解釋：「知道而說不知道（或者，知道自己有所不知道），是上德。不知道却說知道，是弊病。」愚見認為句中的第二個「知」字，應作「智」解，如拙譯所言。

老子曾經多次把「知」字作「智」字用，如「恒使民無知無欲也」（章 3）、「知慧出，有大偽」（章 18），「絕聖棄知，民利百倍」（章 19）、「民之難治也，以其知也。故以知治邦，邦之賊也；以不知治邦，邦之德也」（章 65）等等。（下劃線本人附加。）事實上，本章只不過以不同的方式，強調不要以智巧治理國家而已。遠古的聖人知道使用智巧治理國家的弊病，肯定不會採用。老子以厭惡患這個弊病的比喻，說明遠古的聖人沒有這個弊病。可是自春秋戰國以下，統治者只知道使用智巧治國。老子唯有在緊隨的四章，即 74【72】－77【75】，再力陳使用智巧治國所會引出的各種弊病。

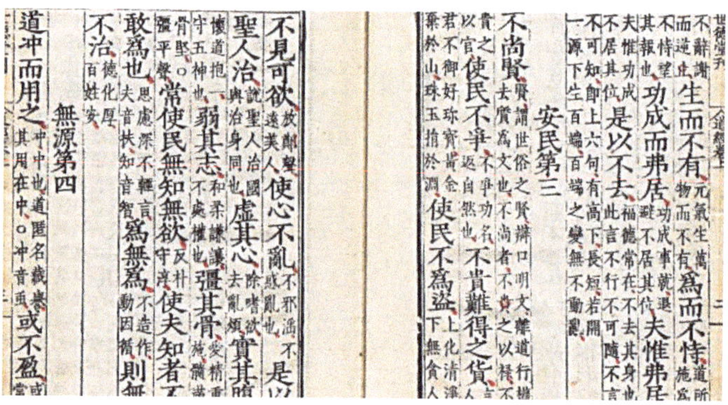

不辭謝而逆止 生而不有 元氣生萬物而不有 為而不恃 道所施為不恃望其報也 功成而弗居 功成事就退避不居其位 夫惟弗居 夫惟功成不居其位 是以不去 福德常在不去其身也 此言不行不可隨 不言不可知 即上六句有高下長短 若開一源下生百端 百端之變無不動亂

安民第三

不尚賢 賢謂世俗之賢 辯口明文 離道行權 去質為文也 不尚者不貴之以祿 不貴之以官 使民不爭 不爭功名 返自然也 不貴難得之貨 言人君不御好珍寶 黃金棄於山 珠玉捐於淵 使民不為盜 上化清淨 下無貪人

不見可欲 放鄭聲 遠美人 使心不亂 不邪淫 不惑亂也 是以聖人治 說聖人治國與治身同也 虛其心 除嗜欲 去亂煩 實其腹 懷道抱一 守五神也 弱其志 和柔謙讓 不處權也 強其骨 愛精重施 髓滿骨堅○強平聲 常使民無知無欲 反朴守淳 使夫知者不敢為也 思慮深 不輕言 夫音扶 知音智 為無為 不造作 動因循 則無不治 德化厚 百姓安

無源第四

道沖而用之 沖中也 道匿名藏譽 其用在中○沖音重 或不盈

74【72】

民之不畏威，則大威將至矣。毋狎其所居，毋厭其所生。夫唯弗厭，是以不厭。是以聖人自知而不自見也，自愛而不自貴也。故去彼取此。

當人們不害怕政府權威時，
混亂的大威脅就會到來。
所以，不要逼迫他們不得安居，
不要壓榨他們的生計。
若人們不被壓制，是不會厭惡政府的。
因此，聖人只自我內省而不自我表現，
只自重自愛而不自顯尊貴。
所以應該捨棄外表而選擇內裏。[57]

解說

以智巧治國的統治者大多自負驕奢，而不關心民間疾苦。在章 53，老子已曾描述他們類似大盜的作為。若人民無法維持生計，便會鋌而走險，引發社會混亂。為了補救，統治者應盡快向聖人學習，自我反省，摒棄驕奢，以「無為」之道治國。

[57] 捨棄自我表現和自顯驕貴，而選擇自知和自愛。「故去彼取此」句，亦見於章 12 和 38。

75【73】

勇於敢者則殺，勇於不敢者則活。此兩者，或利或害。天之所惡，孰知其故？天之道，不戰而善勝，不言而善應，不召而自來，繟然而善謀。天網恢恢，疏而不失。

勇而胆敢妄為的人容易被殺，
勇而不敢妄為的人能夠存活。
這兩種勇，一種得利而另一種受害。
天何以有所厭惡，有誰知道緣故？[58]
天的規律是這樣的，
　不鬥爭而善於得勝，
　不言語而善於回應，
　不召喚而自動到來，
　坦緩而計劃周詳。
天就像一個巨大的網，
雖然寬疏卻不會漏失。

解說

「勇於敢者則殺」和「勇於不敢者則活」是重申章 69【67】有關「慈」和「勇」的觀點。在該章，老子說：「夫慈，故勇；……今舍其慈，且勇；……則必死矣。」由此可知，他所謂「勇於敢者則殺」是指那些勇而不慈愛、沒有同情心的人，他們必死無疑。他繼續說：「夫慈，以戰則勝，

[58] 在《王弼老子》，於「孰知其故」之後多了句：「是以聖人猶難之」。此句可能是章 63 的錯簡；並且對本章中心思想沒有影響，故從略。

以守則固。天將建之，如以慈垣之。」因此亦可知，「勇於不敢者」，是指那些勇而慈愛、富同情心的人，他們好似受著上天眷顧得保生命。

勇而胆敢妄為的人，會容易隨便使用武力侵犯他人。所以，老子告誡說：「勇於敢者則殺」，以前則說過：「強梁者不得其死」（章 42）。在討論「強梁者不得其死」時，已講過暴力必返回始作俑者，乃因為「反者道之動也」（章 41【40】）。勇而胆敢妄為者，其妄為的後果必定會返回於其自身。

由於天法「道」，因此「道」的規律也就是天的規律。它的規律就像一個山谷般回報聲響（參章 6）。它只是把人們行為的果報運轉送返。它不需要言語而自然回應，不需要召喚而自動到來。它的行動也許緩慢，但其計劃肯定是完美周詳的。人們行為的果報可能需要幾十年甚至幾百年（下一輩子）才返回應驗。每個人種了什麼因，便會得什麼果。因此，最好是做一個「勇於不敢者」。若我們播下慈悲義勇行為的因，我們自然收穫充滿仁愛美善的果。

為了強調天沒有好惡的分別心，老子特意提出了一個反面的問題：「天之所惡，孰知其故？」其實早在章 5，老子已經講過「天地不仁」，天地不會感情用事，不會有好惡的分別心。然後在章 62，他更清楚說明，道體（當然也包括天在內）是「善人之寶也，不善人之所保也……不曰求以得，有罪以免與？」 所以，天不厭惡任何人，而保護所有人。道體在每個人心內的提示，是最好的保護指南，可以引領到達完美無私的境界。

老子解釋天（道體）生長養育萬物，而從不作主控制他們。故此不需要鬥爭而贏取尊敬，反之人們自然尊敬之（見，例如，章 34、51）。慈愛的天好像撒了一個巨大的網保護所有人，網格或許寬疏，但卻不會漏失任何人。尤其普通觀念所謂的壞人，更不會捨棄。「人之不善，何棄之有」（章 62）？在穹天下所有眾生都是珍貴的。

76【74】

若民恆且不畏死，奈何以殺懼之也？若民恆畏死，則而為者吾將得而殺之，夫孰敢矣？若民恆且必畏死，則恆有司殺者。夫代司殺者殺，是代大匠斲也。夫代大匠斲者，則希不傷其手矣。

若人們普遍都不怕死，
　為甚麼用死刑去恐嚇呢？
若人們普遍怕死，
　如果犯錯便立刻處死，誰還敢犯錯？
若人們普遍都肯定怕死，[59]
　天地間就會有常任的劊子手。
代常任的劊子手去殺人，
等於代熟練的木匠去削木。
代熟練的木匠去削木，
很少不會把手弄傷的。

解說

記得在章 62，老子說，「道者……不善人之所保也……不曰求以得，有罪以免與？」由此，可推知天地間沒有常任的劊子手。一般罪犯可能沒有明確地意識到這一點。但是，他們的行為卻顯示出他們具有不怕死的潛意識。其實上天已安排了周詳的因果法則，讓他們覺悟悔改，並於將來自食惡果，不再犯同樣的錯。統治者不應以酷刑處決他們，而應該

[59]「若民恒且必畏死」句見於《帛書老子》，《王弼老子》沒有此句。

給予他們改過自新的機會。還有一點值得留意，執法的劊子手本身雖然沒有惡意，唯其傷害了他人的「因」亦已種下，其果報程度不致很嚴重。根據老子，其程度大概相當於把手弄傷吧。

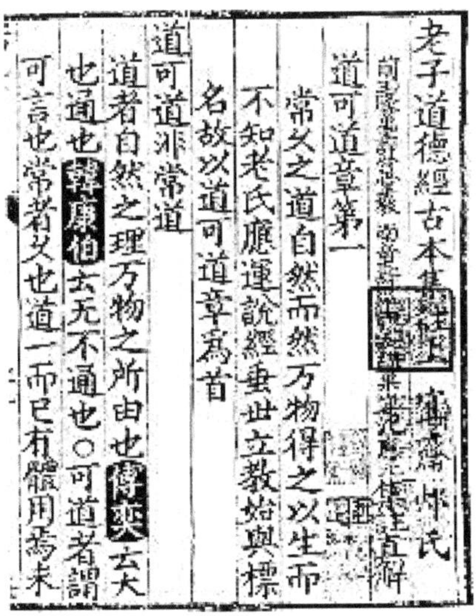
老子道德經古本集[illegible]上 [illegible]氏

道可道章第一

常久之道自然而然万物得之以生而

不知老氏應運說經垂世立教始與標

名故以道可道章爲首

道可道非常道

道者自然之理万物之所由也傅奕云夫

也道也韓康伯云无不通也○可道者謂

可言也常者久也道一而已有體用爲未

77【75】

民之飢也，以其上食稅之多也，是以飢。民之不治也，以其上之有以為也，是以不治。民之輕死也，以其上求生之厚也，是以輕死。夫唯無以生為者，是賢貴生！

人民之所以飢餓，
　乃因為統治者稅捐太苛雜，
　所以飢餓。
人民之所以不易治理，
　乃因為統治者法令太繁瑣，
　所以不易治理。
人民之所以看輕死亡，
　乃因為統治者生活太奢華，
　所以看輕死亡。[60]
已無生計藉以活命的人，
還會尊崇並珍惜生命嗎！

解說

本章文字，大致上根據《帛書老子》，僅於其中一處例外，需要加以解釋。本章主要說明人民不珍惜生命的緣故，乃因為在上位的統治者以智巧治國，令到民不聊生。老子分三次陳述上位者的不是之處。由稅捐太苛雜，至法令太繁瑣，再至生活太奢華。既然三次都涉及統治者，那麼三次的陳述都應該有代表他們的「上」字才合理。可是《帛書老

[60] 參章 67【80】：「使民重死而遠徙」。

子》僅於第二次陳述內有「上」字而於第一、三次都沒有。不過有些《老子》版本，如《傅奕老子》（傅奕 555－639），就三次都有「上」這個字。故本章在這一處是依從傅本。

有一學者專家說，本章「食稅」的「稅」字，在《帛書老子》（甲本）書寫為「兑」字。而在上古時，「兑」與道路的「隧」通用。因此，基於《帛書老子》只在第二次陳述內有「上」字，而第一、三次內沒有，專家認為本章經文可以這樣解讀（大意如下）：

> 人民之所以飢餓，是因為他們獲取食物的途徑太多。人民之所以難治理，是因為統治者沒有做到無為。人民之所以不介意死亡，是因為他們過份追求美好的生活。所以，清淨恬淡的人，勝過厚養生命的人。[61]

若本章經文獨自成篇，這個解讀當然符合老子總體的哲學思想(參見例如，章 12、20、50、57)。只是，本章非獨自成篇，而是前五章有關統治者以智巧治國的結語。這樣解讀便失去了與前幾章主題的連貫性。倘若，依傅本三處都有「上」字，便不可能如專家所言，而會表達出宛似拙譯的意思。即使把「兑」當作道路的「隧」來理解，我們也可以說，人民之所以飢餓，是因為統治者用太多途徑蠶食民生，亦即徵稅太多之意。

蓋從章 72【70】至 77【75】，老子在逐步演繹一個中心思想。由於統治者不實行「無為」治國（72【70】），因而產生使用智巧治國的弊病（73【71】）。他們逼迫人民不得安居、無法維持生計（74【72】）。他們沒有順應天道、不願意慈悲為懷（75【73】）。相反地，卻濫用死刑去恐嚇人民（76【74】）。他們的統治使人民苦不堪言。由於飢餓，迫使人民不得不鋌而走險，令社會秩序混亂，甚至令人民對生命感到絕望（77【75】）。

[61] http://news.xinhuanet.com/tech/2008–09/04/content_9769317.htm

【德經】

老子已曾經多次說明白，社會的弊病，全由私欲引起。私欲是可以通過練習「無為」而逐漸收斂的。因此，在結束「德經」前，他再提醒大家，必須以柔弱，謙下和慈愛等美德來約束私欲。

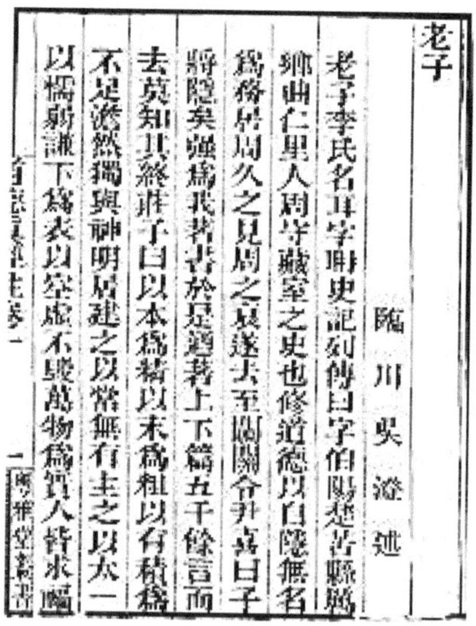
老子

臨川吳澄述

老子李氏名耳字聃史記列傳曰字伯陽楚苦縣厲鄉曲仁里人周守藏室之史也修道德以自隱無名爲務居周久之見周之衰遂去至關關令尹喜曰子將隱矣彊爲我著書於是迺著上下篇五千餘言而去莫知其終莊子曰以本爲精以末爲粗以有積爲不足澹然獨與神明居建之以常無有主之以太一以濡弱謙下爲表以空虛不毁萬物爲實人皆求福

道德眞經註卷一　一　粵雅堂叢書

78【76】

人之生也柔弱，其死也堅強。草木之生也柔脆，其死也枯槁。故曰：堅強者，死之徒也；柔弱微細，生之徒也。兵強則不勝，木強則折。強大居下，柔弱微細居上。

人初生時輕軟柔弱，
死亡後就僵直強硬。[62]
草木初生時細軟柔脆，
死亡後就凋萎枯乾。
所以說：
　僵直強硬屬於死亡一類；
　柔弱微細屬於生長一類。
軍隊逞強輕敵則戰不能勝，[63]
樹木強硬僵直則易被折斷。
強大的終會居下位，
柔弱微細的會逐漸居上位。[64]

解 說

「德經」最後這四章（78【76】—81【79】），可以看作是整部《道德經》的尾聲。它總結了整部經文的中心思想。前三章專注於有關事物兩極互相影響和演化的情形：如

62「強」字在《道德經》中多是用於負面的情況，含有過份、太過的意思。參看註 64，並章 80【78】。
63 參看章 71【69】：「禍莫大於無敵，無敵近亡吾寶矣。」
64 參看附錄二：「天道貴弱，削成者以益生者。伐於強，責於堅以輔柔弱。」

強大和微小（78【76】）、有餘和不足（79【77】）、堅強和柔弱（80【78】）。尾章 81【79】則勸勉大家倣效大自然的法則，常以慈善待人。

老子一方面以初生嬰兒和植物新芽所呈現的柔弱狀態，來說明微細柔弱的東西，實際上充滿生氣活力，另一方面以死去的人和枯萎的草木所呈現的強硬情況，來說明太過強硬的東西，缺乏生長能力，只會凋萎腐爛而已。當柔弱的東西蓬勃發展增長，他們便會逐漸轉變為強硬。當他們發展到太過強硬時，便不得不凋萎腐爛，讓位給下一代的柔弱東西發展。柔弱者不斷取替剛強者這個現象，是自然界生生不息的法則。[65] 老子僅是平平實實地講明白這法則的運行過程，並無感情用事，對任何一方有所偏愛或憎厭。[66]

---

[65] 参看章 36：「柔弱勝強。」

[66] 参看章 5：「天地不仁，以萬物為芻狗。聖人不仁，以百姓為芻狗。」可以同参看附錄二內與這觀點有關的討論。

79【77】

天之道，猶張弓也，高者抑之，下者舉之，有餘者損之，不足者補之。故天之道，損有餘而補不足；人之道不然，損不足以奉有餘。孰能有餘而有以奉於天者乎？唯有道者乎！是以聖人為而弗有，成功而弗居也。若此其不欲見賢也。

大自然的法則，如拉開弓弦一樣，
　握弓手位過高就移低點，
　握弓手位過低就移高點，
　拉弦過滿就減省些力度，
　拉弦不足就增補些力度。
因此大自然的法則是，
　減去有餘的用來補充不足的；[67]
人類的行為卻不然，
　他們榨取不足的而用來供養有餘的。

誰人能夠在有餘時，
　奉行大自然的法則呢？
　只有守道的聖人吧！
所以聖人做事而不佔取利益，
完成任務而不居功。[68]
他們就是這樣不表彰自己。

---

[67] 参看章 78【76】，註 64。
[68] 参看章 2：「為而弗恃，成功而弗居。」

解說

在章 78【76】，老子用生長和死亡的現象，解釋說明大自然的運作法則。那就是它把太過強大者凋萎腐爛，扶助柔弱微細者生長。在這章，他借用射藝討論相近的道理：大自然把有餘的減去用來補充不足的。

古時候，中國的教育主要是培養六種基本才能，統稱為六藝。[69] 其教育目的，在於使學生藉著修習六藝而領悟到做人的道理，做一個正人君子，可以加入統治階層，服務國家。射箭是其中之一項必修課程。因此，一般讀書人都知道怎樣拉開弓弦，明白「損有餘而補不足」的道理。然而，多麼諷刺，在做人處世方面，他們卻經常反其道而行，幹著劫貧濟富的勾當。怪不得老子感慨，大概只有守道的聖人，才會見到利益而不起貪念。他們只會奉行大自然的法則，把利益留給有需要的人。由於他們沉默謙下，不表彰自己，樂於實踐「善行者無轍跡」，一般社會大眾都不會認識他們，不知道他們的美行。

[69] 六藝：禮、樂、射、禦、書、數。

80【78】

天下莫柔弱於水，而攻堅強者莫之能勝也，以其無以易之也。柔勝剛，弱勝強，天下莫不知，而莫能行也。故聖人之言云曰：受邦之詬，是謂社稷之主；受邦之不祥，是謂天下之王。正言若反。

世界上沒有比水更柔弱的，
但以攻破堅強物質的能耐，
　沒有東西能夠勝過它，
　沒有東西可以取代它。
柔能夠勝剛，弱能夠勝強，
世上沒有人不懂，但卻沒有人能夠實行。
所以聖人這樣說：
　願意承担國家的恥辱，
　才稱得上是一國之主；
　願意承担國家的災難，
　才稱得上是一國之王。
正面的話聽起來像反話啦！

解說

人們普遍認為高位當權乃榮譽象徵，但卻忽略了，位置越高責任越大。若為一國之君，必須承担國家的恥辱和災難，領導人民度過難關。因此他們應該明白，若自己能夠像水一樣柔弱，不與別人相爭，便沒有人能夠與自己相爭，就不會有過錯，因而避免國家衍生出不必要的恥辱和禍害（參章 8 和章 66），那麼就自然國泰民安。

【德 經】

老子早已知道「正言若反」，沒有國家領導人會聽他的話（參章 72【70】）。因此，《道德經》並非是為教導王侯治理國家的專書，而是為啟發那些希望體現真我，成為「王」者的寶典（參章 25）。

81【79】

和大怨，必有餘怨，焉可以為善？是以聖人執右契，而不以責於人。故有德司契，無德司徹。夫天道無親，恒與善人。

和解重大的怨恨，
必還會留下點細微餘怨，
怎可以算做妥善解決？
所以如果借貸予人，
　聖人會執右契，
　而不要求人償還債務。[70]
有德者待人像聖人處理契券一樣，
無德者待人像稅務官徵收賦稅般。
大自然公正無私，
常以慈善待人。[71]

解說

本章大體上取自《帛書老子》（甲本）。其他《老子》版本都把「是以聖人執右契，而不以責於人」句中的「右」字改為「左」字。這改動曾引發頗多討論。愚見認為究竟聖

70 古代借貸所用的契券，劈為兩片。左片叫左契，刻著負債人姓名，由債權人保存；右片叫右契，刻著債權人的姓名，由負債人保存。索債還債時，以兩契相合為憑據。但聖人反執右契，表示免去債權，不要求人償還債務的善意。

71「恒與善人」句的大意是：常與善人的意志一樣。唯從章 49 得知善人的意志是對一切人都慈愛友善，「善者善之，不善者亦善之」。故這句含有這個意思：常以慈善待人。

人執「左契」抑或「右契」並非關鍵，要點乃在於能否根據所擬定的前提，合理地解釋此句下半段「而不以責於人」的結論。既然《帛書老子》（甲本）是較早《老子》版本，而採用「右契」又不會與聖人不迫人還債有所衝突，遂採用甲本的「右」字（參註 70 及下文）。

老子指出，即使人們和解彼此的怨恨，仍然會留下心刺難除。大怨就像一個大傷口，癒合後仍然會留下一個久久不去的疤痕。因此，聖人對一切人都慈愛友善，從不與人結怨。老子比喻聖人的德行猶如「執右契而不以責於人」的債權人。其實，這只一個方便的說法而已。別人來求助、借貸，聖人本著「既以為人己愈有；既以予人己愈多」的態度樂意助人（章 68【81】）。他們不囤積，倣效大自然「損有餘而補不足」的法則去施惠於人（章 79【77】），根本不會要求借貸的人償還所欠，何必立契約要人家掛心。因此說聖人執「左契」或「右契」都不打緊。他們不會像稅務官去擾民索取賦稅那樣咄咄逼人，又怎會與人結怨呢？所以老子說，天道（大自然）和聖人一樣，對萬物沒有分別心，常以慈善待人。

我們終於完成了整部《道德經》的旅程。我們無限感激老子對「道」和「德」的精闢分析。我們可能不會記得整部經文的眾多細節。但是，我們可以拿尾聲這部份的教誨作為座右銘：

認識生死的現象——

強弱不斷循環替換。

學習拉弓弦的原則——

損有餘而補不足。

以弱水為師——

謙下而不與人相爭。

倣效大自然——

無私地慈愛眾生。

附錄一
人智學簡介

人智學是奧地利哲學家魯道夫·施泰納（1861－1925）對精神世界研究的學問。他也稱這門學問為「精神科學」，因為他查察驗證精神世界所持的態度，猶如自然科學家研究物質世界一樣，十分嚴謹和客觀。他畢生孜孜不倦寫作，並且在歐洲各地講學六千多次（還採用速記方式記錄下其講課，刊印成書籍），解釋人類演化與精神世界的微妙關係。

根據施泰納之學說，每個人都有潛在的精神器官，又稱超感覺器官。[1] 人類可以藉著冥想沉思，促進精神器官發展成長。當器官發展到一定程度，便可以讀取在精神世界的阿卡西記錄（Akashic record，宇宙存儲的記憶），從而了解宇宙和人類怎樣從原始狀態演變到現在這個階段，與及將來會如何繼續演化。施泰納介紹了許多沉思的方法，特別適合現代人類用來發展潛在的精神器官。可是他經常說，一旦精神世界的事實已經被查證和發表，一般人都可以通過日常經驗的正常理性去理解那些發表了的知識。因此，不一定要發展自己個人的精神器官，才能夠認識了解人智學。

1 每個人具有四個原則成員

施泰納教導說，每個人具有四個原則成員：一個物質體（physical body），一個以太體或生命體（etheric body or life body），一個星靈體（astral body），和一個「我」體（I-being）。對於這四個成員，我們的肉眼只能夠看見物質體，卻不能夠看見其他三個精神上的成員。 可是，藉著比

[1] 對於精神器官的討論，請參 Sit, *The Lord's Prayer*, p. 9.

較人類，動物，植物和礦物這四個王國（kingdom）的異同，便容易明白這四個成員的主要功能與及活動範圍。

首先，人類和動物，植物都具有一個注滿了礦物的物質體。 第二，這些物質體與純粹礦物又不盡相同，因為他們尚有一個以太體或生命體在當中活動。礦物界裏的單純礦物缺乏以太體，沒有生命原則。從這觀點來比較，礦物是最低等的。第三，人類和動物又比植物高一等，因為人類和動物有一個星靈體原則，負責感受、情緒、知覺，植物界是沒有星靈體、沒有感知原則的。第四，人類是最高等的，因為人類還有一個「我」體原則成員，有自我意識。一般來說，動物界沒有「我」體，缺乏自我意識。人類的「我」體可以使用頭腦，進行推理思維和回憶往事。「我」體依賴星靈體去感受和覺知，而獲得生活經驗，然後，把經驗刻印到以太體上。當人們回憶時，「我」體便從以太體上覓取這些刻印了的經驗圖像。

這四個原則成員，錯綜複雜地互相影響。因為，每個成員除了負責本身的工作外，還為另外三個成員服務。例如，物質體（人類的物質體，一般稱呼為肉身或肉體）有不同種類的器官組織，分別為其本身及另外三個成員服務。粗略的說，機械器官的四肢為物質體本身工作，腺體組織為以太體服務工作，神經組織為星靈體服務工作，血液循環系統為「我」體服務工作。

大致上，肉身和以太體緊密合作，組成一個較低級的單位。男人有男性化的肉體而女性化的以太體；女人則剛好相反，有女性化的肉體而男性化的以太體。從這個角度上來看，所有人都是雙性的。瑞士心理學家卡爾·榮格（Carl Jung 1875－1961）察知人類雙性的特徵。他說，一個男人的內在個性是女性化的阿尼瑪（anima），而一個女人的內在個性則是男性化的阿尼姆斯（animus）。

星靈體和「我」體，也合併組成一個較高級的單位，一起運作，管理和使用較低級的兩個成員。當人們入睡時，這兩個高單位成員就一起離開低單位，進入精神世界，而於睡醒時一起返回。（精確地說，兩個高單位成員僅離開低單位成員的頭部組織。）事實上，星靈體和「我」體在低單位的肉身和以太體內，經過一天不停的感受，思維，回憶和做各種決定等活動之後，必須睡眠休息，以恢復精力。

於睡眠時，高單位成員離開期間，會有精神世界的神靈替代它倆，保持肉身內的神經組織和血液循環系統如常運作。睡醒那刻，已經恢復精力的高單位成員，便返回低單位中。然而，由於睡眠時，以太體和肉身是結合在一起，並沒有跟隨兩個較高的成員一塊兒離開，它便沒有這兩個成員於睡眠時候所經歷的記錄。所以，大多數人（有神通的人士例外）不會記得睡眠時曾經發生了什麼事情。

在遠古時代，世界各地都設有「奧秘中心」（mystery center）。中心有老師帶領門人修行，研究精神世界。當門人修行到一定程度，老師會為他們舉行一個稱為「寺廟睡眠」的活動。活動開始時，老師引導該門人進入一種特殊的睡眠狀態，使其以太體可以離開肉身，而跟隨著星靈體和「我」體兩個較高成員，一同進入精神世界。這睡眠狀態頗像「瀕死體驗」（near death experience）。該門人大約這樣睡眠三日半左右，才被老師喚醒。在這段睡眠時間裏，該門人的以太體記錄了在精神世界的全部經歷。睡醒以後，門人將會逐漸回憶起在精神世界的種種經驗知識，而講解給中心外面的人聽，或者作政治領袖。

施泰納解釋說，現代人類的以太體與肉身已經融合得太緊密，不容易從肉身抽離出來了，所以不能夠再繼續使用「寺廟睡眠」方法來獲取精神世界知識。他說，自耶穌基督時代開始，人類就改為發展潛在的精神器官，藉以獲取精神世界知識。

人的一整生，於清醒的時候，四個原則成員互相融合為一整體。而於睡眠的時候，星靈體和「我」體離開了以太體和肉身，並於睡醒的時候返回。不過，在死亡那一刻，「我」體，星靈體，與及以太體這三個精神成員，都一起摒棄肉身，而永遠不再返回去。

人去世後，肉身沒有以太體的生命原則在內運作，便變成一具屍體，逐漸腐爛化作塵土。這現象人人都可以觀察知道。但另外三個肉眼看不見的成員，便需要依靠人智學來瞭解他們的變化了。當然，那些精神器官已經發展完善的修行人，亦可以自己查察。

首先，脫離了肉身的以太體，會顯示出這個人一整生的記錄圖像，讓「我」體回顧檢閱。檢閱以逆時序方式進行，從咽最後一口氣開始，倒轉至呱呱墮地為止。「我」體大約花三天左右的時間，才完成回顧檢閱自己整生的記錄圖像。隨後，一般人的以太體便漸漸消失，溶入宇宙中，而「我」體則保持著其精髓。

跟著，「我」體便回顧和淨化星靈體。一般人大約需要整生三分之一的時間（即相當於整生的睡眠時間），才完成這個淨化過程。例如，九十歲的死者，其「我」體便會花三十年左右的時間去完成。這回顧也是以逆時序方式進行，即從死亡那刻開始，至剛出生那時為止。「我」體於回顧時，潔淨星靈體的各種貪嗔妒恨等欲念，並決定於下一生補償所有不當的行為。當回顧完畢，普通人的星靈體也消失溶入於宇宙中，而「我」體亦僅保持其精髓。自此之後，「我」體便繼續在精神世界發展，直至再誕生為下一個新生命。

茲略補充一下，有關這三個精神原則在動物，植物和礦物王國中的情況。事實上，只有人類直接融入了這三個精神原則在物質體內。在動物王國裏，動物的「我」體並沒有進入動物體內，而仍留在精神世界。在植物王國裏，植物的「我」體及星靈體也同樣沒有進入植物體內，亦留在精神世界。至於礦物王國，則其三個精神成員，皆沒有進入礦物體內，全部留在精神世界。[2]

2 意識的發展

根據人智學，人類意識不斷地演化。開始時，人類只具有如礦物般朦矓的昏睡意識。經過漫長時間，才逐漸演化至今天明晰的認知自我意識。但是尚未演化完畢，仍會繼續演

[2] 欲了解更多關於人類四個原則成員的微妙關係，請諮詢人智學的文獻。

化至遙遠的未來，達到所謂正覺意識為止。人類意識的演化可以分為七個階段，奥秘知識稱之為「行星相」。依次為：老土星（Old Saturn）、老太陽（Old Sun）、老月亮（Old Moon）、地球（Earth）、新木星（New Jupiter）、新金星（New Venus）、新太陽（Vulcan）。請注意：這些行星相名稱，全部都是代表人類意識演化的不同階段，並不代表今日的行星。故於地球相前後之行星相，加上「老」字或「新」字，以資識別。

公曆一週七天的名稱，正反映了這奥秘知識的傳統，提醒著社會大眾有關人類的過去，現在和未來的意識發展階段。週六稱為土星日（Saturn's Day，Saturday）；週日為太陽日（Sun's Day，Sunday）；週一為月亮日（Moon's Day，Monday）；週二為火星日（Mar's Day，Tuesday，地球相的前半部分，基督事件之前）；週三為水星日（Mercury's Day，Wednesday，地球相的後半部分，基督事件之後）；週四為木星日（Jupiter's Day，Thursday）；週五為金星日（Venus's Day，Friday）。新太陽相將是另一個新循環的開始，故此沒有包含在一週七天之內。

人類在老土星相演化時，九品天神——他們的名字與及他們在地球相時的特別責任，將會在第 4 節中講述——賦予人類以物質體。那時候的物質體只有冷暖的熱量變化，而完全不同於現在固態的肉身。不過，所有肉身的規律都在那時建立了，它們逐漸發展朦朧的「昏睡意識」狀態。目前的礦物就是具有像似老土星相時的那種「昏睡意識」。老土星相結束後，天神讓那時的人類休息一段長時間才開始老太陽相的活動。

人類在老太陽相演化時，首先，重複和改進老土星相時的發展。隨後，天神在仍然繼續發展的物質體上，加入了一個以太體。以太體充滿着智慧，人類逐漸發展仿如「無夢的睡眠意識」狀態。今天的植物就是具有像似老太陽相時那種「無夢的睡眠意識」。如前一階段，老太陽相結束後，人類也休息一段長時間。

跟著老月亮相開始，仍先行重複和改進老土星相和老太陽相時的活動。然後，天神於繼續演化的以太體和物質體上，加入了一個星靈體。人類逐漸發展感受和情緒，仿似「有夢的睡眠意識」狀態。今天的動物就是具有像似老月亮相時的那種「有夢的睡眠意識」。如前，老月亮相結束後，人類也休息一段長時間才開始地球相的活動。[3]

在目前的地球相，人類已添加了一個「我」體，三個較早期的成員不但仍繼續演化，並且互相合作，幫助「我」體發展清醒的「自我意識」。我們將在第 3 節更詳細去探討「我」體的發展情形。

關於將來的三個行星相演化情況，下文會簡略講述。現在，僅把七個行星相的意識狀態，與其在目前地球相所展示的現象，列於下圖表：[4]

行星相	意識狀態	今天展示於
老土星	昏睡	礦物
老太陽	無夢的睡眠	植物
老月亮	有夢的睡眠	動物
地球	清醒/物我	人類
新木星	圖像（心靈）	地球 + 月亮
新金星	靈知（超心靈）	聲音
新太陽	正覺（神靈）	能夠與天神認同者

在將來的行星相中，三個較早期的原則成員會逐漸精神靈性化。在新木星相時，星靈體將成為「靈自我」（spirit-self，即「末那」*manas*），而人類將達到一個「圖像」（Imagination）的心靈意識狀態。在新金星相時，以太體將

[3] 自老土星相以後的行星相，其演化過程，都像老太陽相一樣：先重複和改進從前的經歷，才開始新的發展，到最後就休息一段長時間。

[4] 這個表取材自 E. R. Smith, *The Burning Bush*，p. 622。

成為「生命靈」（life-spirit，即「菩提」*buddhi*，也稱「基督精神」Christ spirit），人類將達到一個「靈知」（Inspiration）的超心靈意識狀態。在新太陽相時，物質體會成為「精神體」（spirit-body，即「真我」*atma*），人類將達到一個「正覺」（Intuition）的神靈意識狀態。這些意識的發展乃在非常遙遠的將來。目前，在地球相階段，人類主要是發展清醒的自我意識。

3 「我」的演化

「我」體可以區分為高低兩部分，高「我」是「精魂」，低「我」是「靈魂」。在目前的地球相，對大多數人來說，主要乃是發展靈魂，精魂只不過是尚未發展的精神潛能，有如一粒種子或一個胚胎，其功能將逐漸體現在以後的行星相中。習慣上，一般人稱自己為「我」時，是囊括著整個人所有的四個原則成員，而非單獨表示「我」體。

如上所述，人類的三個成員 (肉體、以太體、星靈體) 是在早前的三個行星相逐個階段演化發展的。於地球相的初期，人類（在九品天神的指導下）首先重複和改進這三個成員早前的發展，然後才利用它們作為靈魂的容器，並與靈魂一起發展。

靈魂可以根據其在三個成員的不同作用，而分成三大元素。分別是：在星靈體的「有情靈魂」（sentient soul），在以太體的「知性靈魂」或「心思靈魂」（intellectual soul or mind soul），和在肉體的「意識靈魂」或「精神靈魂」（consciousness soul or spiritual soul）。當靈魂開始發展，人類便逐漸失去了九品天神的直接指導。這情況可能就是《道德經》章 18 說的「古大道廢」。隨著這個發展，人類便慢慢懂得獨立思考和使用自由意志。

簡單地說，有情靈魂認知感覺器官的體驗，約於公元前 3000 年至公元前 800 年活躍發展。知性或心思靈魂認知自身存在與思維的關係，約於公元前 800 年至公元 1400 年蓬勃發展。意識靈魂或精神靈魂認知人內在的自我和外界的客觀事物，約於公元 1400 年開始蓬勃發展，將持續到大約公元 3600 年。

此圖表顯示靈魂發展的情況：

元 素	活躍發展年代	容器工具	意 識
有情	前 3000－前 800	星靈體	感覺
知性	前 800－1400	以太體	存在和思維
意識	1400－3600	肉體	自我和事物

在此劃分靈魂進化發展的年代，是為了方便講解哪個靈魂元素於甚麼時間積極發展而已。事實上，每一個靈魂元素於積極發展前的年代，已在醞釀該元素未來的雛形。而於積極發展後的年代，則漸趨成熟。刻下，人類正在積極認知外在的事物和內在的自我。這或許可以解釋為什麼大部份的現代人，都表現得那麼唯物主義和自私自利。人們必須先認識清楚、理解透徹外物和自身的關係，然後才可以超越它們，體現「真我」。

4 九品天神和地球的演化

地球的演化與人類意識的發展是相輔相承，沿著雙平行線同時進行的。這節僅僅把地球演化的前幾個階段，即從老土星相到現在地球相的初期，作簡略的介紹。請不要忘記，這些資料是通過查閱阿卡西記錄而獲得的。

施泰納解釋說，天神是人類與三位一體的神格（聖父、聖子、聖靈）的中介。天神的思維活動，輔助引領地球的演化，昭示彰顯神格的精神。天神分為三等級，每等級再各有三品，故共有九品。下表列出施泰納對天神的稱呼（括號內附上傳統的羅馬或希臘名稱），右邊則列出諸天神在地球相時的活動表現範圍。[5]

九品天神	活動表現範圍
1. 仁愛神（seraphim）	閃電/火
2. 和睦神（cherubim）	雲/空氣
3. 意志神 (thrones/thronos）	固體物
4. 智慧神 (dominions/kyriotetes)	生命
5. 動力神 (mights/dynamis)	化學物品/聲音
6. 形相神 (powers/exusiai)	光
7. 人格神(principality/archai)	火
8. 火神 (archangels/archangeloi)	空氣
9. 生命之子 (angels/angeloi)	水

基於天神的活動，老土星相時的「地球」先充滿了「火以太」（fire ether）。老太陽相時，添多了較稀疏的「光以太」（light ether）和較稠密的「風以太」（air ether）[6]。老月亮相時，再多了更稀疏的「音以太」（sound ether）和更稠密的「水以太」（water ether）。

最後，在地球相時，又再多了更更稀疏的「生命以太」（life ether）和更更稠密的「地以太」（earth ether）。茲把這四個行星相的「以太」分佈狀況列於下表，然後再稍為補充一下它們演化的情形。

[5] 這個表取材自 E. R. Smith, *The Burning Bush*，p. 556 和 p. 600。

[6] Air ether，本應譯作「空氣以太」，於此參照佛學慣用的四大「地水風火」，故譯為「風以太」。 另外「火以太」 也叫「熱以太」（warmth ether），顯示其只有火熱並沒有火光。

老土星	老太陽	老月亮	地 球
			生命
		音	音
	光	光	光
火	火	火	火
	風	風	風
		水	水
			地

老土星相時，意志神（3）犧牲他們自己的「火以太」而注滿於那時的地球；然後九品天神的活動把「火以太」密壓和疏鬆，使它在地球各處分佈的密度不同，產生冷熱不均的情況。

老太陽相時的「火以太」則是智慧神（4）所犧牲而注入的。眾天神的的活動一方面把這「火以太」產生冷熱不均情況；並且另一方面把老土星相時的「火以太」分化成「光以太」和「風以太」。

老月亮相時的「火以太」是動力神（5）所犧牲而注入的。老太陽相時的三種「以太」則由於眾天神的密壓和疏鬆活動而增加了「音以太」和「水以太」。

地球相的「火以太」是形相神（6）所犧牲而注入的。眾天神概括先前三個行星相的活動，把老月亮相時的「以太」轉化而添多了「生命以太」和「地以太」。

順便一提，九品天神完成每一行星相後都休息一輪，才開始下一階段的行星相。且於每一新行星相都重複和改進從前活動的成果。

在地球相初期，所有的「以太」揉合成一團。眾天神循環不息地密壓或疏鬆這「以太」團。「以太」元素就逐漸分開。從這團混成的「以太」，最先意志神（3）把「水以太」分離了出來。然後，和睦神（2）把「風以太」，仁愛神（1）把「火以太」也跟著分離了出來。形相神（6）固定它們的形相。在固定的形相中，智慧神（4）灌注入「生命以太」，而動力神（5）添加進「音以太」。當萬物漸次成形，人格神（7），作為時代精神，負責人類歷史的發展與及管理一年四季的交替。大天使，即火神（8）則作為民族精神，負責國家和民族的發展；而天使，即生命之子（9）則作為人類和火神之間的中介。

本節僅籠統地介紹了地球演化的前幾個階段，忽略了許多重要的詳情。有興趣研究施泰納對宇宙演化的講述，可以諮詢書目中涉及此題材的引條。尤其是他的著作，*An Outline of Esoteric Science* 和他的講座課程，*The Spiritual Hierarchies and the Physical World: Zodiac, Planets, and Cosmos*，對這方面都解說得相當詳盡。

5 施泰納有關「道」的講話

一九零五年，施泰納曾給了一個演講，題目叫做 “The Core of Wisdom in the Religions”（宗教之中心智慧）。內裏談及有關亞特蘭蒂斯文化與「道」的傳統。茲節錄有關「道」的部份如下：[7]

「道」是一個最高境界的表現，讓大多數人類千百年来得以仰視和尊敬。它被視為世界和人類的一個長遠目標，是人性的至高點——它是人類携帶著的一粒種子，將有一天，於人性最深處完全綻放成為花朵。「道」既代表靈魂深處的根基，也象徵一個崇高的未來。

那些對它洞悉的人士，不只在稱謂「道」這個名字時，而是在當想到「道」那一刻，就會充滿了羞怯的敬仰。

---

[7] 取自 1905.11.16 的演講，它收錄於 *The Riddles of the World and Anthroposophy*, GA 54（德文）。此節錄部份之英譯見於 T. H. Meyer, *Clairvoyance and Consciousness, The Tao Impulse in Evolution*, pp. 69－70。十分感謝 John Stolfo 提供了該部份的中文翻譯。本人據此而略加修改。

「道」的精神是建立在演化原則之上，它揭示：今日環繞於我的只不過是一個階段，必須超越之，我必須清楚地意識到，我所參與的這個演化是有一個目標的，而我將朝向這個崇高的目標努力；於我內，有一股力量在激勵著我朝向「道」這個偉大目標。

如果我能感受到在我內的這股巨大力量，如果我能感受到所有生物都正朝向這個偉大的目標演化，那麼，這股力量就會成為指導我的力量從風中向我奔來，從石頭發出的聲音中、[8] 從閃電的光體中、從打雷的隆響中、從太陽的光亮中向我送發。在植物中它呈現為生長的力量、在動物中它呈現為感受和知覺。

它就是那股力量，為每個崇高的目標持續不斷地創造一個又一個的樣式；通過它，我知道我與整個自然界是混融一體；它從我每個呼吸中流出又進入；它是生命本身演化最高層次的精神標誌。我覺得這個力量就是「道」。

6 老子的《道德經》

在地球和人類演化的歷史長流中，老子是屬於哪個演化階段呢？以他大約生活於公元前六到四世紀期間為依據，他應該是活躍於知性靈魂開始蓬勃演化之後的二至四百年間。從《道德經》的內容，可以推測他必定知道人類意識發展必須經歷的途徑，與及理解人類在發展知性、心思靈魂期間，所需要克服的困難。他定當預料到，人類可能會過度依賴頭腦和感覺器官，而變得傲慢。他的《道德經》鼓勵人們實踐謙虛無為。人類可以通過感官認識外面的物質世界，但必須返本歸真，培養內在的自我精神。人類需要平衡這兩方面的活動才能夠成為一個完整的人。

---

[8] 例如，蘇東坡曾經在其《石鐘山記》敘述他聽到石頭發出聲響的經歷。

附錄二
太一生水

一九九三年，在湖北省荊門市郭店的一座楚墓，出土了一批抄寫在竹簡上的古老典籍。其中有四份文件與道家思想有關，三份為《老子》傳抄本，稱為《簡本老子》（甲、乙、丙），另一份為兩千多年前的先秦佚文，稱為《太一生水》。一九九八年，這批典籍公佈，立即引起廣泛注意。許多老子學者專家對這四份文件，尤其《太一生水》這篇文章，都紛紛發表了相關的學術意見（例如，本書內參考文獻列舉的 Ames and Hall、Henricks、Tam）。本書前已討論了《簡本老子》裏面其中一章的內容（詳見章 63）。現在，則探討《太一生水》這篇佚文。

為了理解宇宙和人類存在這疑難，本人很自然地涉足於《老子》和人智學，漸漸增廣了人生視野。近年更適逢《太一生水》這篇佚文再現，又得解許多困惑，深感慶幸。

《太一生水》主要是描述宇宙太初演化的過程，並且淺白地說明「道」的含義。它對「道」的解釋與《道德經》所說完全一致；而對太初演化的描述，則與人智學所提到地球相初期的發展情形是大同小異（參附錄一）。本人對這篇文章的解讀，僅為野人獻曝，惟望大方之家不吝賜教。

校對文

選編自 Robert G. Henricks, *Lao Tzu's Tao Te Ching*，頁 126、129，及譚寶剛，《太一生水》文化意蘊新解。

甲

太一生水，水反輔太一，是以成天。天反輔太一，是以成地。天地復相輔也，是以成昏明。昏明復相輔也，是以成陰陽。陰陽復相輔也，是以成四時。四時復相輔也，是以成寒熱。寒熱復相輔也，是以成濕燥。濕燥復相輔也，成歲而止。

故歲者，濕燥之所生也。濕燥者，寒熱之所生也。寒熱者，四時之所生也。四時者，陰陽之所生也。陰陽者，昏明之所生也。昏明者，天地之所生也。天地者，太一之所生也。是故太一藏於水，行於時，周而或始，以紀為萬物母。一缺一盈，以紀為萬物經。此天之所不能殺，地之所不能釐，陰陽之所不能成。君子知此之謂道。

乙

下，土也，而謂之地。上，氣也，而謂之天。道亦其字也。請問其名？以道從事者，必托其名，故事成而身長。聖人之從事也，亦托其名，故功成而身不傷。天地名字並立。故過其方，不思相當。天不足於西北，其下高以強；地不足於東南，其上低以弱。不足於上者，有餘於下。不足於下者，有餘於上。

天道貴弱，削成者以益生者。伐於強，責於堅以輔柔弱。

譯文

甲

太一把水分離了出來。水反過來輔助太一，從而形成了天。天反過來輔助太一，從而形成了地。天地又再互相幫助，從而形成了昏暗和明亮。昏明又再互相幫助，從而形成了陰柔和陽剛。陰陽又再互相幫助，從而形成了四時。四時又再互相幫助，從而形成了涼寒和溫熱。寒熱又再互相幫助，從而形成了潮濕和乾燥。濕燥又再互相幫助，最後完成了循環的年歲。

因此，年歲是由濕燥所生成的。濕燥是由寒熱所生成的。寒熱是由四時所生成的。四時是由陰陽所生成的。陰陽是由昏明所生成的。昏明是由天地所生成的。天地是由太一所生成的。所以太一存藏在水中，依時序而運作，周而復始，以這綱紀[1]作為萬物的母親根源。一時缺乏、不足，一時盈滿、有餘，以這綱紀作為萬物的恆常規則。這綱紀即使是天也不能夠破壞，地也不能夠更改，陰陽也不能夠促成。君子[2] 明白這一切，[3]就是叫做道。

乙

在下面的土叫做地。在上面的氣叫做天。也可以別稱之叫做道。請問，道這個名字有甚麼意思？依從道做事的，肯定跟從這名稱所代表的恆常規則來活動。所以，他們能夠完成任務和保持身命久長。聖人在做事時，也是依從這名稱所代表的常則而作為。所以，他們能夠成功而不會身敗名裂。

[1]「紀」除了包含法度、準則的意思外，也含有原始模型、榜樣的意思。

[2] 參章 26，注 47。

[3] 太一的一切運作常則。

天與地的名號稱謂雖然常在一起，但若觀察它們運作的範圍和方法，就瞭解到它們並非是完全一樣。天彌補於西北方不足的昏暗度，使光照強大的滿月自高落下；地彌補於東南方不足的明亮度，使那光照微弱的新月自低升上。當月亮高懸在天上時，它的昏暗度有所不足；但當低近在地下時，它的昏暗度就有所盈餘。反過來說，當它低近在地在下時，其明亮度有所不足，但高懸在天上時，其明亮度就有所盈餘。

天道主要是照顧柔弱者。其法則是削減已經成長的，而增益剛開始生長的。它消滅強大的和克制堅硬的，藉以幫助柔弱的。

解說

《太一生水》甲部份文字敘述「太一」創造宇宙的過程與及「道」的含義。乙部份文字解釋天地怎樣依從「道」的綱紀來運作。下面將詳加剖析文章的內容。

甲部份說宇宙的形成是從「太一生水」開始，而人智學也說，目前地球相的宇宙演化，最先是九品天神把「水」分離了出來（參附錄一，頁 198）。跟著，彼此所描述宇宙演化的過程亦大同小異。那麼，甲部份的內容與《道德經》描述宇宙的形成又是否相近呢？

茲節錄《道德經》章 25 和 42 內有關宇宙形成的段落，與這篇佚文相互引證：

有物混成，先天地生。寂呵寥呵，獨立而不改，周行而不殆，可以為天地母。吾未知其名也，字之曰道。強為之名曰大。（章 25）

道生一，一生二，二生三，三生萬物。萬物負陰而抱陽，沖氣以為和。（章 42）

在章 25，老子強調「道」周而復始、循環不息地運作的規律。而在章 42 ，他則介紹「道」具有「三」這特殊的屬性。這篇佚文一方面融合了這兩個主題，另一方面更提供了有關宇宙形成的詳細情形。

章 25 說，在天地生成之前，有一個渾然自成的東西，周行不息而從不殆倦。從人智學中得知這東西就是多種「以太」的混合物，由於九品天神的活動，首先把「水」分離了出來。這「水」應該看作是一種原始液態物，而非真正氫氧化合的水。「太一生水」就是指這個渾然自成的東西，把那液態部份的「水」分離了出來。隨後，「太一」在「水」內活動，也可以說是「水反輔太一」，而漸漸形成了「天」和「地」。「天」代表原始氣態物、「地」代表原始固態物。根據這篇佚文，宇宙演化的第一個階段是由「太一」生成了「水、天、地」三個原始元素。至於「太一」這名字，大概是道家對九品天神的尊稱。老子則說「吾未知其名也，字之曰道。強為之名曰大」。當然「太一」亦有「大」的意思。

章 42 說：「道生一，一生二，二生三，三生萬物」，但並沒有再作詳細說明。而這篇佚文則提供了創世過程的豐富資料。

「道生一」可以解作「道」（即「太一」）生成第一個階段的三個原始元素：「水、天、地」。然後，「一生二」則可以解作第一個階段的元素互相幫助，而生成第二個階段的三個原始元素：「昏明、陰陽、四時」。最後「二生三」，即第二個階段的元素互相幫助，繼續創世演化，而生成第三個階段的三個原始元素：「寒熱、濕燥、年歲」。「年歲」是創世演化最後的一個元素。「三」可以象徵創世的三個階段，或每個階段生成的三個原始元素。

這些原始元素，有些是恆常的，如「水、天、地」等，有些是時序性的，如「四時、年歲」之屬，有些是兩端相對不停互變的，如「 昏明、陰陽、寒熱、濕燥」之類。我們可以理解「昏明」是光、「陰陽」是氣、「寒熱」是火、「濕燥」是水。並且這類元素在兩端相對互變時，會產生一個中和的平衡形勢。也就是說，這類元素，也包含著「三」這個屬性（參章 42，頁 104）。總括來說，創世過程三個階段所生成的原始元素，互相作用影響，便化生成萬物，所以說「三生萬物」。

附錄二 太一生水

在創世演化生成的九類原始元素當中，道家似乎特別重視「陰陽」。把它作為全體元素的（甚至「道」的）代表。所以說「萬物負陰而抱陽，沖氣以為和」。其實，「陰陽」是由「昏明」演化而成的。隨後，它也跟著演化生出「四時」。但「陰陽」不像「昏明」那樣容易觀察到，而比較奧妙；再者，它所生成的「四時」也需要時間慢慢揣摸才能夠領會到。可能，這正是「陰陽」的優點，不容易被形式化，頗有「道」的風範。況且，「陰陽」剛好處於創世演化諸元素的正中間，有承先啟後的作用，最適宜作「道」的代表。怪不得孔子在《易經》的繫辭傳中也說：「一陰一陽之謂道」。

「四時」和「年歲」是與時間相關的活動功能。「四時」可以當作天時的四種「陰陽」生化規律：春天生發、夏天滋長、秋天收成、冬天堅穩。其作用如《易經》中乾卦所說的「元、亨、利、貞」。[4] 至於「年歲」則可能是指每一年的「歲神」。事實上，中國傳統有六十位「歲神」，尊稱為「太歲」，每位輪流管理一個農曆年的人類事務。而人智學也講述了九品天神中有專職負責人類歷史發展與及管理一年四季交替的時代精神。

這篇佚文描述太初宇宙的形成，由「太一生水」開始到「成歲而止」，層次分明，其中所用的名稱亦簡單易懂，應該不會引起誤解。但文章為甚麼仍不厭其詳，再倒轉複述「歲者，濕燥之所生」，逐項元素逆推至「天地者，太一之所生也」？再者，在這段倒敘文字中，卻又因何省略了複述「水者，太一之所生也」？揣測這段文字主要在突顯兩個理念。其一：「反者，道之動」的理念，所以，特意倒轉複述太初宇宙的形成。[5] 其二：「水」與「太一」的特殊關係，在宇宙演化的歷程中「太一」和「水」已融合為一了。所以不再複述「水者，太一之所生也」。而改說：「是故太一藏於水」。然後再加以說明「太一」的運作規律是「行於時，周而或始」不斷往返的。

---

[4] 有關乾卦的簡短解說，參 Sit, *The Lord's Prayer*，p. 58。

[5] 見章 42。請同參章 16 和 25，有關「反」的闡釋。

茲以繪圖把這個創世過程簡單地展示出來。三個三角形代表三個創世階段。第一階段的三角形放在上面，然後下面分別是第二、第三階段的兩個三角形（見下圖左方）。這個複合圖形，可以看作是現代分形學中，謝爾賓斯基三角形的雛形（見下圖右方）。[6] 由此可見，現代分形學內的這個概念，實際上是舊酒新瓶而已。

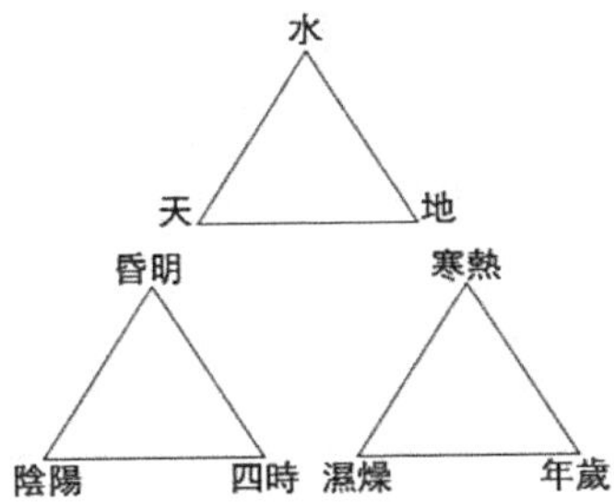

創世過程三角形

謝爾賓斯基三角形

最後，再參看《聖經》創世記章內，有關太初宇宙形成所敘述的片段。我們將很容易覺察到，它與「太一生水」描繪的情形也十分相近：

起初，神創造天地。……神的靈運行在水面上。……把光暗分開了。……稱空氣為天。天下的水要聚在一處，使旱地露出來。……神說：「天上要有光體，可以分晝夜，作記號，定節令、日子、年歲，……」。（創世記 1：1—14）

當然，《聖經》創世記章內對太初的情形還有很多其他的描述，在這裏，僅節錄幾個相關點來顯示這兩份文獻相近之處而已。在 *Genesis: Secrets of Creation*（《創世記：創世的秘密》）這個講座課程中，施泰納稱讚書寫創世記的大先知，說他們對精神世界有非常深遠的認知。

[6] 關於把謝爾賓斯基三角形作為「道」的模型，請參 Sit，*The Lord's Prayer*，pp. 16–32。

同理，由《太一生水》這篇文獻也可以推斷，古代道家對精神世界的認知亦同樣深遠。最後，特別一提，那就是只有道家講及「陰陽」這種功能現象，不論《聖經》或人智學都沒有直接使用這名稱來討論宇宙的演化。

現在繼續討論文獻乙部，其內容主要是關於「道」的運作規律。從上文得知「太一」最先化生出「水」，然後把「水」化成「天」、「地」。「天」是輕清氣化的上部，「地」是沉重凝固的下部。根據人智學，這現象是由形相神完成的（參頁 198-199）。

所謂「天地」，乃「太一」的表象，讓「太一」藉以表現其運作規律。「太一」的運作規律稱呼為「道」。故也可以稱「天地」為「道」。這意味著，「天地」完全表現「道」的規律。所以，文章說，依靠「道」的規律來做事的人，便可以像「天地」一樣，能夠把事情做得成功和保持身命長久，不會受傷害。

雖然，「天」和「地」的名字常常是連在一起。而然，它們運作的範圍和方法是有所不同的。於此，老子——《太一生水》不知是否為老子所作，但相信他本人對這些上古的道家知識，必定熟悉通透——借用新月和滿月的逐漸盈缺來喻示「天地」損有餘而補不足的法則。其實《易經》的坤卦也有採用月亮的盈缺來比喻「道」的法則，它說：「利西南得朋，東北喪朋」。「得朋」代表新月漸盈，而「喪朋」則代表滿月漸缺。不過，此兩古籍的立腳點並不相同，下文將作交代。

至於月亮升起或落下的方向與及時間，因季節和月相盈缺而有所改變。一般來說，新月的升落時刻大概與太陽的升落時刻相同，而滿月的升落時刻則剛好與太陽的升落時刻相反。至於月亮升落的方向則更多變化，會在正東方或東方偏南又或東方偏北升起，而在正西方或西方偏南又或西方偏北落下。

例如在北半球的冬天，月亮於新月時在東南方升起而在西南方落下。然後月亮的升落逐漸向北移動。上弦時在正東方升起而在正西方落下。至到滿月時在東北方升起而在西北方落下。然後月亮的升落逐漸變為向南移動 。[7]

根據上述，可推知坤卦所討論的月相盈缺，應該是冬天日落時刻的情形。蓋冬天日落時，在西南方看見逐漸盈滿的新月；而在東北方看見逐漸缺損的滿月。所以說：「利西南得朋，東北喪朋」。

《太一生水》剛好相反，它所討論的月相盈缺則是冬天日出時刻的情形。蓋冬天日出時，在西北方看見滿月逐漸落下缺損，道家認為那是「天」在彌補昏暗度不足的滿月，減低其高高在上而明亮度過強的狀態。反之，在東南方則看見新月逐漸升起盈滿，那是「地」在彌補明亮度不足的新月，增升其低低在下而明亮度過弱的狀態。所以說：「天不足於西北，其下高以強；地不足於東南，其上低以弱」。這段話是在於說明「損有餘而補不足」的規律。故「天」缺損月亮在上時有餘的明亮，補其在下時的不足；「地」缺損月亮在下時有餘的昏暗，補其在上時的不足。以有餘和不足的角度來說，理想的月相，當在上弦和下弦，那時月亮的明暗均等，沒有不足或有餘的現象。

「天地」總是削減那些成長得太過強大的，而培育那些新生弱小的。這個鋤強扶弱的規律是超越所謂好壞的，或者應該說，終究是好的。如果不削減已經長得太過的，那麼新生弱小的便缺乏空間發展了。老子說的「天地不仁，以萬物為芻狗」（章 5），就是說「天地」不會感情用事，只讓萬物循環不息，周而複始地生長衰朽。就像讓月有陰晴圓缺一般。這「道」的規律是「天地」也不能夠破壞或更改的。

在章 79【77】，老子借用張弓的道理，來勸勉大家實踐「損有餘而補不足」的法則，《太一生水》正好認證了《道德經》這個教誨。

[7] 升落的南北偏向，在南半球剛與北半球相反。參 http://curious.astro.cornell.edu/about–us/46–our–solar–system/the–moon/observing–the–moon/128–how–does–the–position–of–moonrise–and–moonset–change–intermediate .

參考書目（英文）
Selected Bibliography

- Ames, Roger T., and David L. Hall. *Dao De Jing: "Making This Life Significant": A Philosophical Translation*, New York: Ballantine, 2003.
- Bynner, Witter. *The Way of Life: According to Lao Tzu: The Chinese Translations,* New York: Farrar, Straus, and Giroux, 1978.
- Chan, Hen-Shui 陳限水. *Lao Tzu Du Ben* 老子讀本, Tai Nam: Tai Xia Publishing, 1985.
- Chang-Ren 常人. *Electronic Dao De Jing Jie* 道德經解電子版 (http://www.angelibrary.com/oldies/daodejing.html, 09/26/10).
- Chen, Cheng-Yih 程貞一. *Early Chinese Work in Natural Science: A Re-examination of the Physics of Motion, Acoustics, Astronomy and Scientific Thoughts,* Hong Kong: Hong Kong University Press, 1996.
- Chen, Ellen M. *The Tao Te Ching: A New Translation with Commentary,* New York: Paragon House, 1989.
- Chödrön, Pema. *The Wisdom of No Escape and the Path of Loving-Kindness*, Boston: Shambhala, 2001.
- Dale, Ralph Alan. *Tao Te Ching: A New Translation & Commentary*, London: Watkins, 2002.
- Feng, Gia-Fu, and Jane English. *Lao Tzu Tao Te Ching* (25th-anniversary ed.), New York: Vintage, 1997.
- Grigg, Ray. *The New Lao Tzu: A Contemporary Tao Te Ching*, Boston: Tuttle, 1995.
- Gyatso, Tensin (The 14th Dalai Lama). *In My own Words: An Introduction to My Teachings and Philosophy*, Carlsbad, CA: Hay House, 2008.

- Hamill, Sam. *Tao Te Ching: A New Translation*, Boston: Shambhala, 2007.
- Henricks, Robert G. *Lao-Tzu Te-Tao Ching: A New Translation Based on the Recently Discovered Ma-wang-tui Texts*, New York: Ballatine Books, 1989.
- ———. *Lao Tzu's Tao Te Ching: A Translation of the Startling New Documents Found at Guodian*, New York: Columbia University Press, 2000.
- Hinton, David. *Tao Te Ching: Lao Tzu,* Washington, DC: Counterpoint, 2000.
- Lau, D. C. *Tao Te Ching* (bilingual edition), Hong Kong: Chinese University Press, 2001.
- Le Guin, Ursula K. *Lao Tzu: Tao Te Ching: A Book About the Way and the Power of the Way*, Boston: Shambhala, 1997.
- Legge, James, *Tâo Te Ching by Lao-Tzu,* New York: Dover, 1997.
- Lin, Yutang 林語堂. *The Tao Te Ching by Lao Tzu* (http://www.terebess.hu/english/tao/yutang.html#Kap08, 09/26/10).
- Lynn, Richard John. *The Classic of the Way and Virtue: A New Translation of the Tao-te ching of Laozi as Interpreted by Wang Bi*, New York: Columbia University Press, 1999.
- Mair, Victor H. *Tao Te Ching: The Classic Book of Integrity and the Way*, New York: Bantam, 1990.
- Meyer, T. H. *Clairvoyance and Consciousness: The Tao Impulse in Evolution*. London: Temple Lodge, 1991.
- Mitchell, Stephen. *Tao Te Ching*, New York: Harper Perennial Classics, 1998.
- Morgan, Diane. *Magical Tarot, Mystical Tao: Unlocking the Hidden Power of the Tarot Using the Ancient Secrets of the Tao Te Ching*, New York: St. Martin's, 2003.

- Nam, Huaijin 南懷瑾. *Lao Tzu Ta Shui* 老子他說, Shanghai: Fudan University Press, 2000.
- Palmer, Martin, and Elizabeth Breuilly. *The Book of Chuang Tzu,* New York: Penguin, 1996.
- Pine, Red. *Lao-Tzu's Taoteching: With Selected Commentaries of the Past 2000 Years*, Mercury House, San Francisco, 1996.
- Sit, Kwan-Yuk C. *The Lord's Prayer: An Eastern Perspective*, Great Barrington, MA: SteinerBooks, 2008.
- Smith, Edward Reaugh. *The Burning Bush: Rudolf Steiner, Anthroposophy, and the Holy Scriptures: Terms & Phrases*, Hudson, NY: SteinerBooks, 1997.
- Star, Jonathan. *Tao Te Ching: The Definitive Edition*, New York: Tarcher/Penguin, 2003.
- Steiner, Rudolf. *The Being of Man and His Future Evolution*, London: Rudolf Steiner Press, 1981.
- ———. "Calendar of the Soul" (lecture in Cologne, May 7, 1912), *Anthroposophical Quarterly* (London: Anthroposophical Society of Great Britain), spring 1963, vol. 8, no. 1.
- ———. *Christianity as Mystical Fact: And the Mysteries of Antiquity*, Great Barrington, MA: SteinerBooks, 2006.
- ———. *The Foundations of Human Experience*, Hudson, NY: Anthroposophic Press, 1996.
- ———. *Genesis: Secrets of Creation*, London: Rudolf Steiner Press, 2002.
- ———. *How to Know Higher Worlds: A Modern Path of Initiation*, Hudson, NY: Anthroposophic Press, 1994.
- ———. *The Influence of Spiritual Beings upon Man*, Hudson, NY: Anthroposophic Press, 1961.
- ———. *The Influences of Lucifer & Ahriman: Human Responsibility for the Earth* (revised ed.) Hudson, NY: Anthroposophic Press, 1993.

- ———. *The Mission of the Folk-Souls: In relation to Teutonic Mythology,* London: Rudolf Steiner Press, 2005.
- ———. *An Outline of Esoteric Science*, Hudson, NY: SteinerBooks, 1997.
- ———. *The Secret Stream, Christian Rosenkreutz & Rosicrucianism*, Great Barrington, MA: SteinerBooks, 2000.
- ———. *The Spiritual Hierarchies and the Physical World: Zodiac, Planets, and Cosmos,* Great Barrington, MA: SteinerBooks, 2008.
- ———. *Theosophy: An Introduction to the Spiritual Processes in Human Life and in the Cosmos*, Hudson, NY: Anthroposophic Press, 1994.
- Tam, Bo Gon 谭宝刚, *New Thoughts on the Cultural Meaning of "Taiyi Shengshui"* 《太一生水》文化意蕴新解 (http://www.confucius2000.com/qhjb/tysswhyyxj.htm, 09/26/10).
- Waley, Arthur. *The Way and Its Power, Loa Tzu's Tao Te Ching and Its Place in Chinese Thought,* New York: Grove Press, 1958.
- Wan, Zhen Huan 尹振环. *Bo She Lao Tzu Shi Xi* 帛書老子釋析, Gui Yang, China: Gui-Zhou Ren Min, 1998.
- Watts, Alan. *Tao: The Watercourse Way*, New York: Pantheon, 1975.
- Wu, John C. H. *Lao Tzu Tao Te Ching,* Boston: Shambhala, 1990.
- Zajonc, Arthur. *Catching the Light: The Entwined History of Light and Mind*. New York: Oxford University, 1993.

索引選譯

二劃

三劃

四劃

五劃

六劃

七劃

八劃

九劃

十劃

十一劃

十二劃

十三劃

十四劃

十五劃

十六劃

十七劃

十九劃

二十劃

二十一劃

二十二劃

二十四劃